A Música Hoje 2

Coleção Debates
Dirigida por J. Guinsburg

Equipe de realização – Tradução: Geraldo Gerson de Souza; Revisão de provas: Geraldo Gerson de Souza e Ricardo W. Neves; Produção: Ricardo W. Neves e Sergio Kon.

pierre boulez
A MÚSICA HOJE 2

 PERSPECTIVA

Título do original em alemão
Musikdenken Heute 2

© B. Schott's Söhne, Mainz, 1985.

Dados Internacionais de Catalogação na Publicação (CIP)
(Câmara Brasileira do Livro, SP, Brasil)

Boulez, Pierre, 1925- .
A música hoje 2 / Pierre Boulez ; [tradução
Geraldo Gerson de Souza]. -- São Paulo :
Perspectiva, 2017. -- (Debates ; 217 / dirigida
por J. Guinsburg)

Título original em alemão: Musikdenken Heute 2
3ª reimpr. da 1. ed. de 1992.
Bibliografia
ISBN 978-85-273-0345-3

1. Música - Século 20 - História e crítica
I. Guinsburg, J. II. Título. III. Série.

07-2515   CDD-780.904

Índices para catálogo sistemático:
1. Música : Século 20 : História e crítica 780.904
2. Século 20 : Música : História e crítica 780.904

1ª edição – 3ª reimpressão
[PPD]

Direitos em língua portuguesa reservados à

EDITORA PERSPECTIVA LTDA.

Av. Brigadeiro Luís Antônio, 3025
01401-000 – São Paulo – SP – Brasil
Telefax: (0--11) 3885-8388
www.editoraperspectiva.com.br

2019

SUMÁRIO

APRESENTAÇÃO – *Livio Tragtenberg* 9

DA NECESSIDADE DE UMA ORIENTAÇÃO ESTÉTICA 15

FORMA 95

TEMPO, NOTAÇÃO E CÓDIGO 107

CONCLUSÃO PARCIAL 119

PERIFORMA 123

APRESENTAÇÃO

Um rendado se vê desfeito
Na dúvida do Jogo extremo*.

O paralelepípedo filosofal da dúvida: Pierre
Boulez.
Não há dúvida quanto a isso, prêt-à-jeter...

Partindo de uma situação desconfortável de especulação dos próprios processos de criação ("O músico... é sempre suspeito") e da criação musical como um todo, Boulez lança-se, nesses textos, de

---

* Os poemas citados são de Stéphane Mallarmé e foram traduzidos por Augusto de Campos. Fazem parte do volume *Mallarmé* de Augusto de Campos, Décio Pignatari e Haroldo de Campos, Ed. Perspectiva e Universidade de São Paulo, 1975.

forma meticulosa ao combate frente a velhas e bem conhecidas antinomias, desmontando uma a uma as bombas-relógio (desabrigando assim os dissecadores de relojoaria, como queria Monsieur Croche, o anti-diletante...) no campo minado do pensamento estético. "Que orgia de metáforas militares!", diria ele.

Não é difícil se deixar levar pelo brilho com que Boulez vai tecendo – ora em movimento paralelo, ora em movimento cruzado – a sua trama rigorosa e bem-humorada com os fios do pensamento técnico e poético. Este livro apresenta algumas das conferências pronunciadas pelo compositor na Alemanha, nos hoje lendários cursos de férias de Darmstadt, entre os anos de 1960 e 1965. Portanto, no mesmo período de elaboração e publicação de seu livro *Penser la Musique Aujourd'hui* (1963), lançado no Brasil como *A Música Hoje*, Ed. Perspectiva, 1972. Nesse livro Boulez sintetizou e expôs alguns dos mais importantes resultados de suas experiências musicais onde, entre outras idéias, estabeleceu novos parâmetros de apreensão dos diferentes formantes do fenômeno sonoro. Esses novos parâmetros radicalizavam as experiências, no campo da organização das alturas, da Escola de Viena (Schoenberg, Berg e Webern) e as pesquisas rítmicas de Olivier Messiaen.

> À só tenção de ir além de
> Uma Índia em sombras e sobras
> – Seja este brinde que te rende
> O tempo, cabo que ao fim dobras.

Inclusive, o conjunto de conferências publicado agora pode ser lido como um desenvolvimento de certas questões que no *Penser la Musique* foram abordadas principalmente do ponto de vista dos procedimentos da técnica musical, e que encontram nessas conferências uma abordagem analítica que prioriza os efeitos sobre a linguagem e os processos de criação que certos tipos de manipulação e conceituação na gramática musical engendram.

Penser la Musique termina sob o signo da suspensão com um "Termo Provisório"; esta série de conferências também termina com uma "Conclusão Parcial". Nesse horizonte do precário e do provisório, Boulez articula seu discurso a partir de dois formantes básicos do processo criativo: a solução técnica (e mesmo antes, *a problematização correta*) e a opção estética. Relativizando esses dois universos e percorrendo seus processos de simbiose estrutural (tanto a nível da gramática como da psicologia da percepção), e descartando *a priori* relações automatizadas com relação a verdadeiros totens, como os conceitos de *tradição*, *inspiração* e *expressão*, Boulez nos lança em busca de um grau zero da articulação do material: a experiência pessoal na linguagem. Longe de generalizar a partir de certas constantes de época, somos conduzidos a um passeio pelo Purgatório da gênese de certos conceitos (a experiência de Inferno, diria Boulez, é pessoal e intransferível...), para depois sermos abandonados "no limite da terra fértil", à própria sorte.

> Mas junto a quem o sonho doura
> A dor adormece a mandora
> Ao oco Nada musical.

Retomando e explicitando a função determinante de um tipo de autodidatismo objetivo (o "autodidata por livre escolha" em detrimento ao "autodidata por circunstâncias ocasionais") na psicologia da criação, responsável pela determinação (opção e recusa) de grande parte das atitudes frente ao passado herdado e a manipulação de esquemas e protótipos de elaboração do material sonoro; Boulez lança-se ao ataque frontal contra seus críticos que o acusavam na época (e ainda hoje acusam) de formalista, sectário, "formador de quadrilha"... Não deixará de ser desolador para aquele que procura nesses textos o consolo das justificativas ou das negações radicais, uma vez que Boulez articula-se a partir da transitoriedade da experiência na linguagem, da sua evolução, retirando, daí, suas sínteses provisórias.

> Calmo bloco caído de um desastre obscuro
> Que este granito ao menos seja eterno dique
> Aos vôos da Blasfêmia esparsos no futuro.

Esses versos de *A Tumba de Edgar Poe* de Mallarmé, por elipse (e por eclipse...) nos remetem a uma especulação específica do poeta de *Eureka*, e que se relaciona intimamente a uma das formulações básicas do pensamento bouleziano. Ela se encontra no resumo desse texto, elaborado pelo próprio Poe: "A proposição geral é esta: Posto que nada foi, em conseqüência todas as coisas são". Refletindo também a preocupação nodal de Boulez em estabelecer um zero, um vazio, uma situação inicial sem précondições, "o â mago do ô mega / zero ao zênit / fechado em seu alvor" como no poema de Haroldo de Campos, na mesma direção com que Mallarmé empreendeu a busca da natureza "ideográfica" *da coisa*, do material e do espaço poético, do branco da página.

Um olhar retrospectivo sobre a música de Boulez, até os dias de hoje, ganha contornos mais nítidos depois da leitura esclarecedora da primeira conferência "Da Necessidade de uma Orientação Estética", especialmente para o leitor brasileiro que ainda tem um acesso restrito, em português, aos escritos mais recentes do compositor. O que ressalta, sobretudo, nessa mirada de longo alcance, é a importância extrema que o músico francês deposita na especificidade de cada experiência de manipulação na linguagem; o que, de alguma forma, num lance inesperado num incerto "xadrez de estrelas", aproxima Boulez de John Cage. Por alguma esquina estelar, nalguma "constelação" (para usar uma palavra-chave no vocabulário bouleziano), ou ainda, em algum momento de turbulência – na passagem dos estados materiais – uma crença comum em jogar o jogo, mesmo que de forma diametralmente oposta, recusando-se terminantemente a participar de um "carrossel de ilusões", ou seja, de um jogo de cartas marcadas, aproxima criadores tão diferentes.

> Que seda em bálsamos do tempo,
> Onde a Quimera se extenua,
> Vale essa nuvem, flor de vento,
> Que, além do teu espelho, é tua?

Livio Tragtenberg

DA NECESSIDADE DE
UMA ORIENTAÇÃO ESTÉTICA

1. Quem de nossa geração já não achou demasiadamente suspeitas as palavras estética e poesia? De onde podia provir esta desconfiança irreprimível? Seria apenas um fenômeno superficial, ou uma reação profundamente justificada? O que nos tornou tão suscetíveis à suspeita, o que nos levou a rejeitar toda especulação estética como perigosa e inútil e, assim – o que não é menos perigoso – limitá-la a um único objetivo: a técnica, o "fazer"? Estávamos a tal ponto seguros de nossas diretrizes "poéticas"? Não sentimos necessidade de refletir sobre elas, de precisá-las? E por quê? Por excessiva autoconfiança,

15

falta de desenvoltura, por desinteresse ou distração? Tivemos dificuldade em nos exprimir num terreno tão fugidio? Não nos parecia antes que a técnica da linguagem era mais apropriada à nossa capacidade de formulação? E isso, seria falta de "cultura" ou simples reação contra divagações na filosofia cambiante? Seria apenas o medo de parecer fracos diante dos intelectuais mais bem aparelhados que nós para certos tipos de "mágicas" cheias de truques?

Certamente, havia de tudo isso na pouca amistosidade, na falta de segurança (ou na agressividade desesperada, o que dá no mesmo...), que revelamos diante de problemas que continuam igualmente básicos. Mas, para desencargo de consciência, devemos dizer que não estávamos totalmente errados com essa atitude de abstenção. O que, você vai dizer, se você já está pronto a rejeitar a sua deficiência e a imputar a outros a responsabilidade por esse fato? Certamente, não chegaremos desse modo a nenhum balanço de nossos erros e nossas falhas; quanto a qualificá-los de reações puramente inconscientes, não está mais em discussão. No entanto, gostaria de esclarecer-lhes a nossa posição intelectual: se isto não é uma justificação, é, pelo menos, uma tentativa de explicação...

No período histórico que precedeu o nosso "virao-mundo" musical, foi estimulado um consumo da estética tão profuso que no fim obscureceu toda a situação. Quantos clichês e *slogans* não foram empregados, usados, rejeitados, relançados, retomadós e depois – o que era inevitável – esquecidos? Usei de propósito clichês e *slogans*. Pois, não se pode levar a sério, retrospectivamente, essa floração tão exuberante e desordenada quanto efêmera. Tratava-se menos de idéias do que de modas lançadas anualmente por "literatos" que, como os costureiros da elite, cortam, plissam, franzem, encompridam, enviesam, talham reto, de acordo com a estação do ano e as necessidades de uma clientela caprichosa. Além disso, estes literatos que lançavam no mercado as "coleções" dos seus compositores preferidos eram, na maioria das vezes, dotados de conhecimentos musicais mais do que vagos... Sua competência tinha uma base tão fraca que as "motivações" da sua escolha ficavam forçosamente na superfície, sem falar dos seus juízos mais ou menos "históricos", cunhados para uma posteridade seguramente ridícula.

Devo eu agora acusar os literatos de nos ter desviado, com seu fatal exemplo, do pensamento "especulativo"? Não! Não é minha intenção ajustar contas; pois sou o primeiro a reconhecer que os melhores textos escritos sobre a qualidade e capacidade da música vêm dos poetas, e não apenas porque os seus autores se acham a uma distância maior do trabalho musical, da "tarefa inferior", mas porque sabem expressar com palavras o que sentem ao ouvir uma obra. Acho que Baudelaire – a propósito de Wagner –, Hoffmann, Balzac escreveram sobre a música, sua estética, seu significado, páginas que um compositor nunca teria conseguido formular, mesmo que tivesse tido o mesmo ângulo de visão desses autores. Em nossos dias, Henri Michaux, quando fala de música, se mostra um analista perspicaz de certos "modos de ser" sonoros, dos quais tem uma intuição profunda; ele os descreve com toda a acuidade de que é capaz seu domínio da linguagem, e não nos resta outra coisa senão constatar com inveja: É exatamente isso!... Neste campo da correspondência, achamo-nos de antemão em desvantagem, e é totalmente inútil nos lançarmos aqui em aventuras, sob pena de mostrar nossa inferioridade.

Nossa animosidade não se volta de modo geral contra os escritores que falam de música; mas defendemos nosso campo quando o sentimos ameaçado por mãos incompetentes; poucos escritores ajudam o músico; ao contrário, muitos aumentam vivamente a confusão já existente... E voltando, a um fato concreto, alguns dos nossos antecessores imediatos podem ter pretensões ao recorde no consumo "estético". De onde proveio esta bulimia e o que fez parecer tão caduca a torrente especulativa lançada através de todo o mundo musical? Certamente, seria interessante estudar o problema com apoio de documentos, e localizar com exatidão as fontes desta inflação, as origens da epidemia. Certos livros, certas monografias, são extremamente instrutivo a este respeito; e não seria difícil distinguir, entre os compositores, aqueles que se deixaram influenciar por diretivas variáveis e aqueles que progrediram fora das correntes condicionadas pela época: uma geografia da criação, de qualquer forma... Semelhante análise ainda está por fazer; mas não é esta a minha intenção: não gostaria de estabelecer um objetivo tão especializado para as minhas considerações. Estou inclinado a encarar esta situação por um motivo bem determinado: o porquê de sua falência. Pois tenho certeza absoluta de que este colapso era para nós a mais séria das advertências. Mesmo que, a princípio, se tratasse apenas de um reflexo inconsciente, de uma descofiança totalmente instintiva, o conjunto da situação – tal como ela se apresenta – nos levou a explicar a nós mesmos nossas próprias reações, levou-nos a refletir sobre a justificativa de todo projeto estético e isso como que contra a nossa vontade e de maneira negativa...

Em nosso desespero, gostaríamos de ter que tratar apenas da técnica musical; mas esta atitude extremamente desconfiada não resistiria à prática musical, uma vez resolvidos certos problemas mais urgentes de linguagem. No entanto, parece que a cronologia da nossa atuação não foi totalmente absurda, pois nos permitiu superar uma antinomia terrível, vencer contradições paralisantes.

Com efeito, a observação das metamorfoses "estéticas" de uma determinada geração pode levar-nos a apresentar o seguinte fato: a diretriz da obra, sua significação, fora deliberadamente escolhida antes de qualquer reflexão sobre o próprio vocabulário. De resto, um reflexo bastante comum: pensa-se que basta dar à inspiração um sentido suficientemente preciso para que os meios se ajustem, sem que se tenha, além disso, de preocupar-se com eles ("O reforço chegará"...). Graças a uma herança muito viva do Romantismo, embora preguiçosamente degenerada, esta crença significa que a inspiração garante automaticamente a qualidade da linguagem; conhece-se profusamente o lugar de honra concedido à sinceridade..., como se esta eminente virtude, apenas porque é uma virtude, tivesse o poder de fazer esquecer fraquezas e falta de conhecimentos. A sinceridade do músico frente aos seus objetivos já assegura de antemão a validade da obra; e se evidencia, assim, que a própria linguagem e a importância da sua organização deviam passar a um segundo plano: rejeitada como um *handicap* inútil, até como um entrave insuportável, a constituição da linguagem, por pequena que seja a atenção dada a ela, apenas enfraqueceria a inspiração, destruiria a visão da obra planejada. Qualquer esforço propriamente técnico negava o puro desejo de realizar um modelo ideal. Quantas vezes não lemos, ou ouvimos, estas explicações sobre os objetivos visados, nos quais a maioria das frases começam geralmente com as palavras:

"Quis fazer isso ou aquilo"... Tais explicações existem como areia no mar; servem para encobrir as deficiências da realização. Se ainda assim admitimos que há coisas que não se deve querer, ou coisas que se deve incondicionalmente *querer saber*, então a música (como, de fato, todo ato criador) exige não só o *querer*, mas também o *fazer*: do *querer* ao *fazer* o único caminho passa pelo *conhecer* e pelo *saber*. Ignorem a técnica e sua importância, e ela se vingará com juros e encherá de defeitos a sua obra. Adotem uma técnica herdada, sem qualquer outra relação com os dados históricos a não ser a reconstrução artificial, inconseqüente e decorativa, e este exercício de estilo absorverá e aniquilará as suas forças vivas... sepulcros caiados!

O pensamento estético, quando se apresenta independentemente da escolha, da decisão técnica, só pode levar à bancarrota: a linguagem, por questão de temperamento, se reduz a uma simulação mais ou menos sinuosa, ou a uma gesticulação banal... O que nos poderia interessar nestas soluções pessoais evasivas? Sua indigência e sua fraqueza são tão flagrantes quanto o seu ecletismo e sua indecisão. Tais exemplos apenas confirmam a nossa convicção: a importância da escolha técnica. Somente os compositores verdadeiramente sólidos e tenazes, que resistiram ao exame crítico, nunca subestimaram o papel capital desta escolha; nunca trataram o estilo como uma vestimenta que se pode mudar por tédio ou por capricho (conforme a moda, a ocasião ou o objeto); consideravam-no antes uma parte integrante da sua essência musical.

Este problema da técnica, ignorado, corrompido, menosprezado e deturpado, estávamos desde o início resolvidos a lhe restituir todas as suas possibilidades: parecia-nos ser a nossa tarefa mais urgente, e de sua solução, acreditávamos, dependia o nosso futuro, ou mesmo o futuro da música... (Quem poderia encarar o futuro da música, sem que a sua própria solução se impusesse com força de lei? Utopia agradável e *deliciae anticipationis* a seu favor!) Subvertendo a hierarquia, cujos danos tivemos ocasião de avaliar, estabelecemos este princípio: a primeira preocupação deve ser a técnica da linguagem; os resultados desta investigação serão a garantia necessária e suficiente da validade da nossa expressão. Não era este o "beijo tímido do saber sombrio" de que fala o poeta? A pertinácia na pesquisa técnica não sufocaria toda expressão como um abraço apertado? (Apresso-me a esclarecer que empresto à palavra "expressão" um sentido menos especializado do que o que lhe dão todos os fanáticos por sua utilização...) Em suma, não corremos diretamente a rumo um enorme absurdo, sob pretexto de um racionalismo completamente "tecnologizado"? Dizer que muitas vezes se roçou de leve o absurdo é um eufemismo: considerando retrospectivamente esta corrida para o abismo, verificamos mais de uma vez que ultrapassamos os limites do absurdo sem nos conscientizar das inúmeras contradições, às vezes assombrosas. Além disso, a falta de reflexões genuinamente estéticas, em conexão com os desenvolvimentos da linguagem, era em grande parte responsável pelas derrapagens intelectuais, espetaculares ou não, que não se fizeram esperar. Doravante vamos encontrar os inúmeros textos explicativos precedidos da fórmula ritual: "Quis fazer isso e aquilo..." Desta vez, porém, não se trata mais de justificar uma decisão poética: cabe agora explicar concepções morfológicas ou sintáticas, com um luxo de descrições "estruturais", que nos dispensariam facilmente de tomar conhecimento da própria obra. Basta ler certas notas ou prefácios de programas para nos convencermos totalmente da não-realização que implicam; abrem campo para piadas baratas, de que ninguém, aliás, quer se privar e com razão. Aqui também se revela a descrição de um modelo ideal, que não existe de fato; para ser mais exato: o modelo originalmente projetado não reflete a sua realização.

Já que abrimos este parênteses, acrescentemos algumas observações sobre esta necessidade do comentário, da descrição verbal do imaginário. É de crer que o compositor se entrega a esta atividade de substituição, quando não *examinou a fundo* e de todos os lados a sua obra: trata-se aqui de aproximar-se da realização, que é precedida por uma atividade "oratória". Tal como o mágico, o feiticeiro, que cria seu poder excitando a visão com fórmulas de encantamento, o compositor, no melhor dos casos, precisa os seus objetivos, tenta dar forma à sua *Idéia*, encerrando-a numa rede descritiva para melhor apreendê-la. Se esta descrição persiste após o próprio ato criador, ou seja, depois de concluída a obra, é a prova mais inegável do fracasso na realização. A necessidade da explicação não foi eliminada pela realização; subsiste o abismo entre o *fazer* e o *querer*. Numerosas biografias apóiam minha tese: enquanto as obras não se apresentarem como documentos irrefutáveis, tornam-se indispensáveis as justificações de um processo criativo. Completada a realização, desaparece toda literatura de comentário; ela assume, a rigor, um aspecto retrospectivo: o autor pode nos contar a história da sua obra, da sua gênese, das suas fontes, pode justificar a necessidade de sua existência, de sua condição, porém não mais tentará descrever a "vida interna" da sua obra, pois já passou o momento de "transcrição".

Isso quer dizer que considero o compor de uma obra sob o simples aspecto da realização de um modelo encarado num momento de irresistível lucidez? Basta ter diante de si um excelente modelo e dar-lhe vida terrestre com todos os meios de que se dispõe? Pode o nascimento de uma obra – como se diz usualmente – ser comparado tão facilmente a um instante de concepção, seguido por uma gestação longa, penosa e cansativa? Mesmo que esta opinião seja de todo verossímil, ainda assim contém algumas ingenuidades, que iremos revelar com maiores detalhes quando avançarmos em nossa investigação sobre as fontes do pensamento musical. No momento, contentemo-nos com a seguinte observação: considerar os problemas da linguagem como um fenômeno capital e lhes dar primazia no sentido da criação não produziu melhores resultados que a hierarquia contrária. Ambos os caminhos levaram, de modo semelhante, a uma espécie de esgotamento do gênio inventivo. A intenção permanece mais notável do que a execução; daí a persistência dos textos explicativos sobre os ideais do autor; daí também a sua inutilidade, porque não nos enchem de satisfação e evidência. (Parece-me indispensável que a intenção deva ser intuitivamente reconhecível, antes de chegar à clara consciência mediante a análise e a pesquisa. Esta primordialidade na percepção continua sendo o sinal mais seguro daquilo que chamamos "obras-primas": o conhecimento do seu valor se estabelece em diferentes níveis; elas podem prescindir da análise no sentido de que a validade da sua textura se impõe com tanta força à parte consciente quanto à parte inconsciente do nosso ser. Conhecemos o *como* da nossa satisfação no mesmo instante em que ignoramos o *porquê*... Mas ocorre o mesmo com o com-

23

positor? Se ele é capaz de explicar seu processo, pode também prestar contas exatas de suas forças de impulsão e da necessidade destas forças?)

O abuso e a prioridade da "manipulação" conduziram a absurdos: este segundo fenômeno negativo nos coloca novamente diante dos problemas estéticos dos quais uma desconfiança obstinada nos mantivera perigosamente afastados. Mais imperiosos do que os defeitos de nossos antecessores – que, entrementes, haviam entrado num purgatório histórico – os nossos próprios erros exigiram de nós uma escolha inevitável. Já que mencionamos aqui a componente histórica, uma pergunta: Não já tomamos decisões estéticas sem o querer, ou sem o saber? Os nossos predecessores nos haviam legado a história da música num certo estágio de desenvolvimento; compor depois deles significava fazer um juízo crítico de sua posição e tomar uma decisão pessoal com base nesta análise da situação, considerada no ponto aonde haviam chegado. Estou certo de que não faltará quem me acuse de presunção; dirão: como ele quer se encontrar na complexidade da música de hoje e se sentir suficientemente armado e capacitado para fazer juízos de valor sólidos? Ora, eu poderia primeiramente invocar a liberdade irrestrita da escolha individual e afirmar insolentemente que meu julgamento equivale aos dos outros (a insolência é, às vezes, muito bem paga, mas raramente por mais de uma estação...), poderia demonstrar que a força do meu raciocínio, a justeza do meu julgamento, é superior; tenho a impressão, entretanto, de que esta atitude de choque não deixaria traços duradouros, falar-se-ia de agressividade e, finalmente, viria o esquecimento...

Mas como? A situação de hoje, ou a que se apresentava num passado próximo, é ou era tão complexa

24

que estaria banido de antemão todo poder de diferenciação? Teremos sempre de recorrer à famosa e misteriosa posteridade, a única garantia de um julgamento sereno e definitivo? Devemos, sem outro apoio senão de vagas convicções pessoais com base em "afinidades eletivas" restritas, considerar uma época unicamente sob o ângulo de um deleite eclético, de um sortimento de prazeres, do austero ao leve?

A situação é complexa apenas aparentemente; na superfície de uma época sempre flutuam alguns nevoeiros, de fácil dissipação, por mínima que seja a pouca energia solar (é um privilégio dos heróis, ou dos deuses?...) que contêm em si mesmos e uma certa alergia à confusão. Não me cansarei de dizer que a personalidade começa com uma sólida perspicácia crítica, e que esta perspicácia é parte do talento: uma visão da história, no momento da escolha inicial, implica de fato uma clarividência irracional, uma acuidade na percepção do "momento" do qual apenas a pesquisa lógica não pode prestar contas. Sim! Isto faz parte daquela "clarividência" do poeta de que falava Rimbaud com tanta ênfase. Dom de esclarecer uma situação aparentemente confusa, dom de perceber as linhas de força de uma época, dom de "ver" globalmente, de apreender a situação na sua totalidade, dom de conhecer por uma intuição aguda o estado presente, de dominar a sua cosmografia: é esta a "clarividência" exigida de um agraciado. Efetuada esta apreensão global, resta justificá-la, organizá-la logicamente, examinar todas as suas conseqüências; o olhar do amador, por lúcido que seja, permanece estéril, porque o amador não sabe tirar conclusões...

Evitei de propósito o termo *simplificação*; não existe nele o perigo de um proselitismo enganador?

Não se corre o risco de dar à história um aspecto singularmente monoperfilado, se assim posso dizer? Em suma, não se tem a tendência de modelar o semblante da história segundo a sua própria conveniência, para encontrar, ou fabricar, de acordo com a necessidade, uma genealogia propícia, ou propiciatória? Não se corre o perigo de desmentidos rigorosos ou ridículos? É claro, havia estas visões históricas gerais, destinadas, no máximo, a inserir provisoriamente um nome de fama ainda incerta na série daqueles nomes já consolidados na memória da posteridade; mas isso acabou num "desvio da história" tão ingênuo que mal se poderia prestar-lhe atenção. Experimentamos igualmente explicações históricas cheias de curtos-circuitos que eliminaram com habilidade tudo o que não se ajustava aos padrões de uma visão estreitamente polarizada: a história à la Procusto, por assim dizer; os resultados não são menos horripilantes do que os contados pela lenda. Não, a história não deve ser constantemente refeita "por conta do autor"; tais simplificações, pela própria derrisão de seu propósito, caem em desuso rapidamente; mal se toma conhecimento delas, já passaram. Quando falo de esclarecer uma situação, não tenho em mente de maneira alguma esse tipo de falsificação; refiro-me simplesmente a uma antecipação da escolha entre o joio e o trigo!

Quem me assegurará, porém, que você não está enganado, e que tem razão na incondicionalidade de sua decisão? Trata-se, no máximo, de uma aposta, que você pode ganhar ou perder, mas é a sua aposta pessoal; não tente impor esse risco consentido, ou mesmo provocado, àquele que não sente a necessidade da sua aventura. Nada de ilusões, por favor; você não pode me proibir de que eu considere a sua decisão pessoal uma operação em que está em jogo o acaso. Que acaso? Simplesmente, a cronologia dos seus encontros, e mesmo a cronologia da sua cronologia. Como posso acreditar num destino inelutável, quando vejo quantas circunstâncias aleatórias contribuem para o nascimento do seu lance de dados "histórico"? Aliás, a história não está enganada sobre si mesma, e já não se viveram as reabilitações mais inesperadas após noites de esquecimento, prolongadas além de toda memória? Se a coletividade já tropeça na distância, como você pensa ser infalível no instante?

É esta a voz desse Eu contraditório, a cuja sedução devo resistir. E mais uma vez: por que não exigiria, eu também, o "direito ao erro", já tão intensamente reivindicado em outro ponto? Evidentemente, uma maneira simples e rápida de se safar do assunto. Refletindo melhor, por que não me lançaria a essa aposta, não às escondidas, mas às claras, com todos os privilégios do risco consentido e assumido? Sim, a circunstância desempenha um papel inapagável neste lance de dados; mais precisamente, *uma* circunstância pode, e deve, tornar-se *a* circunstância. O julgamento, a visão podem sofrer retoques, reformulações, correção de verdadeiros erros ou incompreensões, mas nunca podem ser totalmente destruídos, porque continham uma parte de verdade fundamental no momento em que foram emitidos. Esta crença, tenho de afirmá-la incondicionalmente, mesmo que não consiga prová-la; essencialmente, ela já é o ato de criar. Já que existo apenas em relação ao que me precede, a escolha, a aposta é um gesto fundamental, que me insere na sucessão, sem que me permita uma presunção do valor daquilo que posso representar; definir-se a si mesmo ainda não é realizar-se – nem de longe!

Aprovada, esta escolha, feita por talento ou – e – por trabalho, você já cumpriu uma tarefa que depende eminentemente da sua escolha estética, da sua decisão poética. A sua orientação no pode derivar de uma simples atração sentimental ou intelectual, da mera necessidade de lógica ou de segurança. Mediante a sua "afinidade eletiva", você já se revelou a si mesmo, provou a sua existência, experimentou a sua personalidade. Embora não seja tão fácil separar o interesse de tendência intelectual, mais racional do que instintivo, da fascinação imediata e intuitiva, por sua vez mais emotiva do que analítica, é possível determinar a diferença entre a adesão espontânea e a convicção consentida. Uma seria mais vitalmente importante que a outra? Num certo sentido, sim: não se trata de se deixar guiar por uma espécie de sede profunda e persistente do reconhecimento de outrem; mas a atração, quando é o único móbil da adesão a uma obra, a um compositor, arrisca a enfraquecer o espírito crítico e nos faz correr o perigo de passar ao lado de riquezas que, mesmo não sendo sedutoras de imediato, nem por isso são menos proveitosas.

A história, especialmente a dos tempos recentes, nos deu oportunidades de escolha, uma escolha muito difícil de encarar e de realizar, porque as aparências eram tão complicadas, as posições pareciam tão confusas, que se precisava redobrar a intensidade e a vigilância, a fim de poder reconhecer nelas realmente o estopim de uma situação nova. Particularmente, a relação distorcida entre a técnica da obra e sua poética, bem como a inserção numa tradição determinada, contribuíram grandemente para falsear a nossa óptica; constituíram um solo fértil para os mais funestos erros de julgamento. Com base em certas circunstâncias de realização, as obras ofereciam aparências enganosas que era preciso "consertar", com o reflexo de um bastão na água. Isto se mostrou necessário em numerosos casos em que a ênfase da novidade, às vezes do interesse efêmero, estava distribuída de modo desigual. Se aqui o vocabulário suscitava um interesse especial, a forma não tinha nada a nos ensinar. Se lá a forma era cativante e rica de ensinamentos, o estilo estava ligado de modo demasiado direto a uma certa tradição para poder prender-nos por muito tempo. E mais: se as descobertas rítmicas ou instrumentais valiam o esforço de um estudo, a falta do vocabulário geral nos parecia mais temível. E, finalmente, se a descoberta gramatical se revelava essencial, ela velejava a reboque de uma concepção poética totalmente ultrapassada.

Com a ajuda destes exemplos, pode-se mostrar de modo suficiente como era grande a probabilidade de passar além de um ponto importante do desenvolvimento contemporâneo. Quem se deixou guiar pura e simplesmente pelo instinto apenas reforçou em si mesmo as discrepâncias que já havia descoberto nos outros. Além disso, o fato de certos aspectos da criação contemporânea terem podido ser menosprezados por tanto tempo, negligenciados com uma persistência tão constante, o fato de terem provocado tais reações apaixonadas, sem a sombra da menor reflexão a seu respeito, nos levaram a não jogar inconsideradamente com nossos reflexos e a nos impor de alguma maneira uma certa disciplina no entusiasmo, se é que estes dois conceitos, geralmente pouco compatíveis, podem se justapor numa única frase, senão numa única pessoa... Decerto, seria inútil querer negar que favorecemos erros de julgamento, faltas de gosto, sofismas de apreciação, mas as retificações aconteceram, com maior ou menor atraso, e os balanços foram feitos com mais exatidão. (De

29

resto, é preciso encarar os fatos: também há os predecessores coriáceos, eles *existem*, seria inútil querer negá-los. A agressividade da retrospectiva histórica continua improdutiva; reduz-se a julgamentos caprichosos, interessantes do ponto de vista psicológico, mas desprovidos de universalidade; mesmo assim, permanecem "casos especiais".)

Na revolução permanente da música, encontram-se por assim dizer bombas de explosão imediata e bombas de retardo. Mas talvez seja esta uma figura de linguagem exageradamente terrorista. De qualquer modo, usemos uma terminologia menos barulhenta. Deve-se reconhecer que a irradiação de certas obras, de certos compositores, não é forçosamente imediata. Não falo do caso extremo da ignorância – este mal-entendido seria simples demais; antes, tenho em mente *aquelas* obras e *aqueles* compositores cuja fama é indubitável e nos quais, apesar disso, certos aspectos permanecem ocultos até chegarem à consciência coletiva por caminhos curiosos e inesperados, mediante aproximações antes inimagináveis, e de repente se tornarem imperiosamente presentes. Não podemos ter pretensões ao conhecimento absoluto de todos os aspectos do presente, no instante em que o abarcamos em sua totalidade; entretanto, nossa intuição suplementa esta falta de informação e corrige inexatidões parciais. Este "conhecer" não inclui, necessariamente, uma lista exata de todos os pormenores técnicos, pois, na maior parte do tempo, eles permanecem ligados a uma personalidade determinada e, portanto, são inutilizáveis enquanto tais (depende dos epígonos o amálgama dos gestos pessoais de um autor escolhido como modelo, seja uma caricatura da escolha crítica, precisamente pela falta de distância ou pela ausência de julgamento).

30

O processo de escrita de um dado compositor é resultado e parte de seu gênio inventivo e cunhado totalmente por ele; é, naturalmente, indispensável aproximar-se o mais possível dele para assegurar um conhecimento real das leis gramaticais a que obedece. Todavia, esta etapa é elementar; ela não poderia dar-nos o sentido de sua obra (o que, apesar de tudo, não é necessário descobrir), e muito menos o porquê da sua gramática. Todas as heranças abortadas provêm, ao que parece, do fato de nos determos no aspecto exterior da morfologia – que se torna, então, maneira e, mais seguramente ainda, maneirismo – e de deixarmos de estudar a sua estrutura interna, a sua razão de ser; numa palavra, acredita-se que um vocabulário exige apenas uma descrição, quando ele reclama uma justificação. Somente a justificação nos revela o pensamento do compositor, somente ela nos dá um impulso, uma energia verdadeiras; porque, a partir daí, a nossa energia não é mais apenas uma degradação da energia do compositor que estudamos; por uma espécie de transmutação, a sua energia serviu de ponto de partida para a nossa, diferente por natureza, origem e particularidade.

Mesmo que não se queira praticar uma "pesquisa em águas profundas", deve-se reconhecer que, no estudo de uma obra, o desejo de conhecimento incide mais sobre as motivações do que sobre os fatos; mas somente os fatos nos podem dar a chave das motivações. O nosso estudo permanece infrutífero se não tentarmos pesquisar o *pensamento* do compositor no que ele tem de mais geral! Como se poderia, de outro modo, tirar conclusões? No entanto, a conclusão só é possível numa visão suficientemente "abstrata" dos pormenores e processos particulares que ela *reduz*, assim, a um núcleo procriador. Por isso, somos impelidos, irreprimivelmente, a decisões estéticas que levam ao emprego de uma rede técnica dada. Não se diga que é uma questão puramente individual! A coletividade não age de modo diferente - nas suas preferências como nas suas recusas. Cada época possui suas próprias ressonâncias harmônicas coletivas. O interesse que a coletividade manifesta por este período histórico de preferência àquele outro deriva de dados similares que podem levar a soluções equivalentes; estes famosos "pontos comuns" entre duas épocas não são outra coisa senão a prova de uma escolha guiada pelo espírito da época, refletindo-se na variedade das escolhas individuais.

Somos condicionados por nossos antecessores, não só num plano estritamente pessoal, mas também de maneira geral, como parte de uma coletividade. O que nos influencia não é, de modo algum, uma técnica pura ou um pensamento abstrato, mas são as relações entre o pensamento e a técnica, portanto a realização. De onde provém, então, a desconfiança de alguns para com a morfologia, a ponto de a negligenciarem completamente? De onde deriva a alergia dos outros a todo conceito estético? Basta olharmos em volta para notar os estragos, as devastações irreparáveis causados por este estado de coisas. Se aqui se pode observar um abuso da linguagem científica, lá se conhecem numerosas caricaturas da terminologia filosófica; ambas são igualmente insatisfatórias, e o ridículo de tal incompetência ofende insistentemente os ouvidos. A chamada mania matemática – melhor dizendo: a mania pseudocientífica – pode aparentemente satisfazer, desde que ela engendre a ilusão de uma ciência exata, irrefutável, baseada em fatos precisos: ela dá a impressão de apresentar *fatos objetivos* com a máxima autoridade. Poder-se-ia voltar à concepção da Idade Média: a música é uma ciência e, como tal, exige uma abordagem científica, racional; tudo deve ser definido tão claramente quanto possível, demonstrado, ordenado a partir dos modelos já existentes em outras disciplinas e emprestados das ciências exatas. Piedosa ilusão! Há, primeiro, a inexperiência do músico em relação a um vocabulário que ele maneja sem leveza nem brilho, sem gênio inventivo e sem imaginação; não mencionemos nem mesmo as inexatidões do seu vocabulário e as lacunas do seu conhecimento... Mas, supondo uma perfeita correção no emprego dos conceitos e dos termos, estamos diante apenas de uma imitação estéril: tira-se a força do pensamento científico, sem enriquecer o pensamento musical.

Não se pode deixar de sorrir diante de certos diagramas, de certos estudos, abarrotados até à loucura de permutações que não interessam a ninguém. Todos estes paralelismos com o pensamento científico permanecem desesperadamente superficiais e se revelam inúteis, porque não são adequados ao verdadeiro pensamento musical. Toda reflexão sobre a técnica musical deve ter origem no som, na duração, em suma: no material com que o compositor trabalha; cobrir esta reflexão com uma rede de outra ordem de idéias leva forçosamente à caricatura, e que caricatura! Estudar certas formas de permutações, por exemplo, não nos pode convencer da qualidade de sua realização no objeto ou na estrutura sonoros. Quem me garante que a forma cifrada, que me descrevem até o último detalhe, pode assumir, pela sua mera existência, a responsabilidade de uma estrutura musical? Quem me prova que as leis numéricas, válidas em si mesmas, continuam válidas quando são aplicadas a categorias que elas não governam? Não representa um absurdo total e eviden-

33

te enrolar-se no sofisma, uma loucura que, em sua confusão, chega às raias do sublime? Os adoradores dos números podem estender a mão aos fanáticos pelo número áureo e pelas considerações esotéricas sobre a magia dos números. Sua inquietude provém afinal da mesma fonte: o desejo de descobrir as secretas correspondências do universo e cifrá-las. A aparência atual da superstição pelos números poderia desembaraçar-se do *handicap* da magia; na realidade, ela assume o "mistério dos números" de uma maneira tão pouco convincente quanto a anterior. Ademais, nesta manipulação não se revela uma timidez, uma impotência, uma falta de imaginação? Alguns se entregam aos números, porque eles oferecem um refúgio seguro contra os caprichos da imaginação: entregam-se assim a pensamentos de segurança e camuflam com a aparência de honestidade a sua incerteza no campo de outro modo temível da mera descoberta. A manipulação, na sua forma usual, não é mais que uma rotina desenvolvida e não exige qualquer qualidade criativa; tenho um material básico, de modo que posso "manipular" sem demora, e se obtiver sempre resultados, poderei ter a impressão de descobrir algo, quando na realidade apenas salmeio um catálogo até cansar.

Vemos, portanto, que em música a maioria dos chamados espíritos "científicos" é quase tão ingênua quanto Monsieur Achras, personagem de Jarry que colecionava poliedros. Resta saber se, no nosso caso, os poliedros têm um interesse inesgotável... De qualquer modo, continuo pensando que não é evidente a necessidade de tais especulações patafísicas.

Se a manipulação não passa do sinal de uma inquietante fraqueza de imaginação e de concepção, que dizer então do uso da filosofia? A filosofia teve uma divulgação muito ruim no mundo da música,

34

graças ao extremo desgaste de idéias que caracterizou o fim do século passado. Então, não se podia escrever uma nota sem envolvê-la numa rede espessa de conceitos. Com este excesso, a filosofia musical selou por muito tempo o seu próprio veredicto: queria-se ouvir falar de poética, de sentimento, de sensação, mas os conceitos filosóficos foram rigorosamente rejeitados até que, finalmente, uma alma ingênua carregada com menos lastro profissional os introduziu pela porta traseira. Devo confessá-lo, não é um sucesso; raramente tais migalhas "filosóficas" produziram um disparate mais florescente. Neste caso, sistemas de pensamento, coerentes em si mesmo, são vistos pelo buraco da fechadura (esperemos que a chave não esteja dentro...) e, assim, tornados suscetíveis de conseqüências das quais a racionalidade não é a virtude principal.

O que se procura camuflar aqui? É uma falta de imaginação como anteriormente? De jeito nenhum! Imaginação, não falta – pelo menos nos seus gestos. Entretanto, a imaginação é um simples gesto? Ainda assim, oposto ao gesto, aparece um ponto de vista refrescante e rejuvenescedor; mas o que é um ponto de vista? Pouca coisa, enquanto não se refletir num estado preciso do material musical. Dependente de suas próprias forças e recursos, um ponto de vista não possui outra eficácia senão um certo estímulo, um encorajamento à discussão. Para convencer, é necessário dominar a linguagem, e não apenas da idéias sobre o seu emprego. O domínio implica um profundo conhecimento técnico; não o possuindo, está-se condenado a permanecer a "idéia de uma idéia", e poder-se-ia repetir com Valéry: "Eu me vejo me ver", a que Aragon respondeu com insolência, situando este narcisismo forçado nos limites da paralisia mental:

35

Este jogo de espelhos que ele esconde em quase todas as suas frases, para produzir aparência de profundidade... Não resta outra coisa senão o Sr. Valéry diante de um único espelho, não fazendo qualquer descoberta, obtendo de si mesmo apenas um retrato banal e sempre repetindo: *Eu me vi me ver*, como se dissesse: Eu me via, me via..., o que tem um único sentido, como certas ruas. Muito próximo de eu me cagava, me cagava, me cagava... um desdobramento que não existe...

Não é semelhante?

Todo pensamento filosófico desviado das suas finalidades se mostra tão inútil quanto o desvio do pensamento científico. A fraqueza desses dois pontos de vista reside em causas idênticas: falta de imaginação realmente musical, arbitrariedade na aplicação ao fenômeno sonoro de hierarquias e conceitos que lhe são estranhos. Por conseguinte, o amadorismo de força de lei a uma incompreensão que destrói as intenções mais puras e mais sinceras. Devemos nos afastar, sem muita saudade, dessas soluções factícias, tanto mais agradáveis quanto oferecem, muitas vezes, o aspecto de uma verdade incontestável. Acho que a música merece um campo de reflexão que lhe seja próprio e não simples acomodações a estruturas de pensamento basicamente estranhas a ela; a liberdade da reflexão musical se encontra perigosamente alienada devido a essas diversas "colonizações".

Isso quer dizer que me oponho a toda interferência, a toda comunicação? Longe de mim tal isolacionismo. Reconheço que nada é mais frutífero que o contato com outra disciplina: ela nos oferece uma maneira diferente de ver as coisas, enriquece-nos com pontos de vista nos quais não teríamos pensado antes, estimula a nossa inventividade e obriga a nossa imaginação a uma "radioatividade" mais elevada. Uma influência deste tipo só pode operar por analogia, não por aplicação literal desprovida de fundamento. A meu ver, o enriquecimento mais importante reside nos níveis mais profundos das estruturas mentais: dessa maneira, a imaginação incorpora recursos tomados alhures e adequados a esta finalidade: trata-se de uma espécie de nutrição. Certas descobertas do pensamento filosófico ou científico exigem uma transposição, antes de assumirem uma nova significação que nem a justaposição superficial nem o parelelismo aplicado poderiam lhe dar. Em suma, a imaginação do compositor faz dessas aquisições um dado irredutivelmente musical, uma noção específica e irreversível.

O conceito de permutação, do qual, entre outros, se tem abusado bastante, só tem um sentido em circunstâncias determinadas e precisas; do contrário, ele permanece uma coleção de números, vestidos de sons ou durações, ou de qualquer outra coisa, sem que a *essência* musical seja com isso o menos afetada possível. Do mesmo modo, o conceito de indeterminação só se pode justificar numa base totalmente específica, quando, por exemplo, ele repousa em funções musicais bem definidas; em caso contrário, reina a arbitrariedade e com ela aparecem os sinais da inflação. O fenômeno musical requer um pensamento "especializado". Mas pode-se descrever realmente o fenômeno musical? O mecanismo da criação se deixa apreender com tanta facilidade? O ato de criação aparece muitas vezes, de fora, como algo particularmente rebelde a esta apreensão; tentou-se explicá-lo de diversas maneiras, aliás com resultados pouco convincentes. É notável que os compositores, ao se expressarem sobre este ponto, oferecem às vezes explicações totalmente contraditórias. Mas serão os compositores as pessoas mais apropriadas para descrever com palavras fatos que deveriam transmitir pelos meios que lhes são próprios? Afinal, conhecer o mecanismo da criação é assim tão importante para "viver", ou seja, para efetuar as escolhas necessárias?

Ao observar a criação musical, considera-se, na maioria das vezes, menos o seu processo que as finalidades buscadas. O que se traduz pela pergunta tão simples quanto terrível: o que vocês quiseram exprimir? Por uma brincadeira correspondente, já foi dada a resposta: Nada! Acrescentamos: Nada, a não ser a mim próprio... Mas o que significa "a mim próprio" no caso? Significa que eu me represento conscientemente por meio da música? Ou a música me representa mais ou menos sem meu conhecimento? O que se chama temperamento, personalidade, é responsável pelo estilo através do qual transmito aquilo que gostaria de exprimir? Tenho consciência daquilo que quero exprimir? E se tenho a intenção de exprimir algo – é necessário defini-lo antes de descrevê-lo? Devo começar com um objetivo delimitado, ou tenho a liberdade de encontrar no caminho aquilo que posteriormente se tornará o objeto da minha pesquisa e lhe dará sentido?

Creio que seria um erro dar a estas perguntas uma resposta absolutamente válida, *a* resposta, pois há tantas respostas quantos dias e horas... Podemos ter um consolo se pensarmos que a questão do significado envenena amplamente a expressão, bem como a atmosfera de diversos outros campos, como, por exemplo, o da pintura. O que nos fascina diante de um *Montagne Sainte-Victoire*? É a paisagem captada, a obsessão de Cézanne, ou a ordem atingida? O que nos atrai num quadro abstrato? A geometria das estruturas, a relação das cores, a constância dos signos particulares do pintor, as características da sua grafia? Estamos certos, quando observamos um quadro, de *compreender*, ou temos a intuição de uma mensagem rebelde à definição?

A diversidade das obras produzidas por um mesmo indivíduo só poderia exortar-nos a maior cautela... Admite-se facilmente que um escritor escreva o seu diário ao mesmo tempo que compõe uma peça teatral, e compreende-se que o seu pensamento e sua técnica não sigam o mesmo caminho num e noutro caso. Em compensação, no caso do músico, não se leva em conta tal leque de possibilidades, embora ele sempre tenha existido; também se negligenciam de bom grado as variações em sua evolução. Por isso, reduzimos a sua atividade a um padrão, encerramo-lo em obrigações de tipo único, suscitando um grande número de equívocos.

Dois pontos devem ser considerados no julgamento de uma obra: sua gênese e seu caráter. Se nos interrogarmos com franqueza, chegamos à conclusão de que as obras nascem de maneiras completamente diferentes. A idéia primeira raramente se apresenta sob um aspecto idêntico. O que nos incita a começar uma obra? Pode ser uma idéia muito geral de forma, totalmente independente de qualquer "conteúdo"; esta forma deverá encontrar pouco a pouco os intermediários para poder manifestar-se; o projeto inicial, que existe em linhas gerais, se ramificará em descobertas de detalhe. Além disso, o impulso para uma obra pode ser uma intuição puramente instrumental, uma combinação sonora que exigirá certos tipos de escritura, os quais por seu lado engendrarão as idéias mais suscetíveis de realizar-se; aqui, o invólucro externo será levado a descobrir um conteúdo que lhe corresponda. O objeto de uma obra pode ser uma pesquisa de linguagem que levará à descoberta de formas insuspeitadas ou ao emprego de certas combinações instrumentais, nas quais não se havia pensado anteriormente. Às vezes, o perfil da obra, a sua direção e o seu sentido estão plenamente claros desde o início da sua concepção até o fim da sua realização; em compensação, às vezes os pontos de partida são extremamente vagos e só se aclaram num longo e penoso trabalho de elaboração. Outras vezes ainda, o projeto inicial sofre, no curso da elaboração, modificações tão intensas que obrigam a se voltar atrás a fim de "recalibrar" o todo... Muito raramente se está diante daquele mundo de que fala Schoenberg, um mundo entrevisto no momento fulgurante de extrema clarividência e que deve, em seguida, ser levado à existência real. Este aspecto quase "teológico" da tarefa do compositor ("... e sereis semelhantes a deuses") é mais um desejo que um fato, pois encerra em si mesmo um conhecimento momentâneo de todo o material a ser usado, o que, em casos complexos, é pouco verossímil.

Presuntivamente, Henry Miller se aproxima da verdade quando se descreve pintando um cavalo que, no decurso do trabalho, se transformará em anjo..."Pois bem, vamos começar! Isto é o essencial! Comecemos com um cavalo." Ocorrências inesperadas durante o trabalho levam a uma conclusão provisória: "Se isso não se parecer com a barriga de um cavalo quando eu tiver terminado, sempre poderei transformá-lo numa rede de dormir". O trabalho muda de cavalo para zebra, de zebra para chapéu de palha, de um braço humano para um parapeito de ponte; acrescentam-se linhas oblíquas para o piso da ponte, árvores, nuvens, depois uma montanha que se torna um vulcão, uma camisa; linhas maliciosas se mudam em grades de cemitério,

e no canto superior esquerdo, que o vulcão não preencheu totalmente, pinto um anjo. É um anjo de aparência triste, um anjo decaído, cujas asas são sustentadas por varetas de guarda-chuva... Parece originar-se de uma esfera além do meu campo de idéias, parece flutuar misticamente sobre o selvagem cavalo jônico, doravante perdido para o homem... Quando se começa com um cavalo, deve-se pelo menos manter a coisa como cavalo – ou removê-lo por completo.

Terminado o desenho, passa-se às cores, onde nos aguardam outras surpresas. No quadro terminado pode-se ver histórias, invenções, lendas, dilúvios... Mas não!

Receio que vocês não vejam tudo isso. Vocês vêem o anjo triste, roxo de frio nas geleiras... Vocês vêem um anjo, e para além do anjo vêem também o traseiro de um cavalo. É, vocês podem ficar com os dois: *eles são para vocês*. O anjo está lá como uma filigrana, uma garantia de que a visão de vocês está em ordem... Eu poderia arranhar a mitologia na crina do cavalo, poderia fazer tudo desaparecer... *mas não posso apagar o anjo. O anjo é a minha filigrana.*

É de temer que, às vezes, comecemos com um anjo e transformemos o cavalo em nossa filigrana (este, aliás, nada tem a ver com um Pégaso).

O que quer que aconteça com o caminho que leva da intenção, da visão, da intuição, ou mesmo da encomenda à obra completa, tomemos cuidado, em todo o caso, de esquecer que o campo da invenção é mais vasto do que em geral se acredita. Também o músico pode passar do afresco ao cavalete, da peça teatral ao poema: quer ele escreva música de câmara ou sonhe com massas orquestrais ou corais – seu ponto de vista não é modificado apenas pela quantidade, sofre também uma profunda mudança qualitativa, tão logo o projeto passa por desvios radicais. Num caso, prevalecerá a evidente busca de contatos com o ambiente externo; no outro, a reflexão pessoal terá primazia sobre qualquer outra motivação. Conforme a composição adote um caráter extrovertido ou introvertido, mudam os critérios técnicos; numa obra devotada, sobretudo, à reflexão, a linguagem tende a tornar-se complexa, encerrada em seu próprio significado até o esoterismo, correndo o risco de ser compreendida plenamente apenas por um número limitado de iniciados, a cuja competência se apela sem reservas: isso não invalida de modo nenhum a sua necessidade. Uma escritura que visa à coletividade não se proporá tarefas particulares de pesquisa e até cuidará de não passar pelo próprio objeto da descoberta; ela é mais fácil de compreender. Será maior o círculo daqueles que poderão tirar dela proveito e prazer: de novo, isto não significa qualquer superioridade.

Aliás, a evolução do compositor se reflete no traçado das suas obras; quero dizer com isso que se pode seguir a sua progressão a partir das suas mudanças de estilo. Creio, além disso, que a posição do compositor em relação à sua linguagem não pode permanecer constante. Às vezes o compositor se encontra em períodos de conquista, de descoberta: a preocupação essencial de explorar novas possibilidades em todos os campos da sua atividade leva-o a produzir obras "caóticas"; menos seguras, menos acabadas talvez, possuem um grande poder de "desorientação", pois se lançam com intensa energia ao futuro, enquanto a sua vinculação à tradição aparentemente diminui. São, em geral, obras de reflexão, profundamente necessárias para a "manutenção" da sua vitalidade interior; mesmo assim, não são raras as obras de reflexão não-ligadas diretamente à descoberta. Em outras ocasiões, o compositor se encontra em períodos de organização, de consolidação; aprofunda suas descobertas anteriores, dá-lhes um sentido mais amplo, mais geral, resume-as numa síntese conscientemente organizada. As obras adquirem então um aspecto "tranqüilo", parecem mais acabadas, revelam uma maior maestria, proporcionam uma satisfação imediata, mesmo que não possuam o poder de irradiação das obras de reflexão. Reviravoltas bruscas ou acidentais sucedem a períodos de evolução, realizados lenta e calculadamente com muita reflexão.

Podem entender agora como é impossível querer analisar o fenômeno da criação de uma única maneira? Acrescentemos que o compositor depende da época que o condiciona: a história ora sofre mutações bruscas, ora uma evolução lenta. Após uma degradação gradativa de uma totalidade lógica e coerente, produz-se uma pesquisa extremamente ativa de novos materiais, uma pesquisa desordenada e anárquica, que visa mais a destruir o mundo antigo que a construir um novo; tão logo se esgota a violência desta anarquia, começa-se a organizar sobre novas bases que conduzem ao estabelecimento de um novo sistema coerente; este, por sua vez, logo começa a sofrer exceções, ou seja, a se degradar... Estes dois fenômenos, quando se corroboram tanto individual quanto coletivamente, levam aos períodos mais agitados da história da música ou às suas praias mais calmas...

Afastamo-nos bastante da escolha estética; no entanto, era necessário empreender esta viagem pelo campo das idéias, a fim de apresentar o problema em sua totalidade e determinar suas coordenadas exatas. Foi-nos possível estudar a posição incerta, mutável, do músico e as dificuldades em entender o porquê e o como da sua atividade; vimos também quão depressa se tomam veredas e o quanto é difícil realizar uma pesquisa puramente musical, sem se deixar seduzir por outras disciplinas que possuem seu arsenal perfeitamente atualizado. Não é menos delicado conciliar a escolha técnica e o projeto estético, porque sempre se está mais ou menos tentado a favorecer um em detrimento do outro. Finalmente, falta-nos um vocabulário especializado para tal propósito; aquele de que dispomos já manejamos com menos habilidade do que gostaríamos... A prossecução do nosso estudo assume o aspecto de uma aposta que é talvez inútil arriscar! Aventuremo-nos, apesar disso, e tentemos desenredar, com pretensões puramente pragmáticas, as aparentes contradições que nos assediam, tentemos compreender a fundo o nosso domínio.

Como, porém, atacar o problema e como chegar a conclusões razoavelmente satisfatórias? Parece lógico abordar o assunto pelo próprio fundamento da estética; seria a (já famosa) dúvida; ao intervir na existência do projeto musical, ela assegura nossos pontos de partida e liberta nosso pensamento de um grande número de *handicaps* que se foram acumulando. Fazendo tábula rasa de todas as noções herdadas, reconstruiremos o nosso pensamento sobre dados totalmente novos e permitir-lhe-emos, assim, abrir um campo inexplorado da escolha estética. Contudo, constatamos que esta escolha ocorre num momento demasiado tardio da elaboração; mas podemos mostrar que ela – para ser válida – deve existir desde o início da obra e se estender também a fenômenos para os quais em geral não a consideramos competente. Definiremos, assim, as características desta escolha e os diferentes níveis em que é executada, da morfologia fundamental à forma global, da pesquisa semântica ao projeto poético. Tentaremos então captar o que se deve entender por estilo e como se pode definir os componentes *estilísticos*, tentando ampliar o mais possível nosso horizon-

44

te. Isso quer dizer: estudaremos as relações entre o estilo individual e o coletivo e examinaremos as inter-reações destes dois fenômenos estreitamente ligados um ao outro.

Finalmente, deveremos refletir sobre o sentido da própria obra, sobre o seu significado com relação ao compositor e à compreensão que dela têm os outros: lado externo e interno de um mesmo fenômeno. Além disso, levantaremos a questão da comunicação, que é a base de toda a compreensão; sendo a música irreversível no tempo, a sua transmissão desempenha um papel mais importante do que em outros meios de expressão. Conseqüentemente, falaremos da estética do concerto e da audição; ao cercar esta questão de mais perto, chegamos ao seu núcleo duro, inquebrável: a justificação coletiva do projeto estético individual. Aqui o círculo começa a se fechar, pois, por via das dúvidas, vamos indagar sobre a durabilidade desta justificação, ou seja, sobre a profunda ambigüidade da obra e a relatividade da sua existência; este último problema relaciona a escolha "absoluta" com a situação, uma relação que estabelecemos no começo daquela decisão situada historicamente.

Um trabalho difícil; um ciclo de tarefas, que não é traçado de modo nenhum artificialmente, mas nos permite uma investigação total do pensamento musical. Isso significa que chegaremos a compreender de modo exato a *própria* experiência do músico? Quem nada tem com esta experiência vivida dificilmente pode imaginá-la, embora seja capaz de avaliar a sua importância. Em suma, é presunçoso desenvolver idéias sobre a música. Tais idéias prestam um desserviço ao seu objeto, pois desviam a seu favor a atenção necessária; idéias *sobre* música correm o perigo de perder a essência interior do seu objeto. Já

45

percebemos, aliás, que não faltam idéias *sobre* a música e que, na realidade, elas refletem o ponto de vista de um "estranho"; o poeta nos descreve, por exemplo, associações mentais, analogias formais (não podemos limitá-lo somente ao plástico), que, por mais brilhantes que sejam, não chegam ao coração do "mistério", mas apenas descrevem a sua irradiação. Podemos apreciar e saudar esta capacidade do poeta, sem, no entanto, lhe conceder um êxito total; ele escamoteia magicamente a questão fundamental. Em contrapartida, estamos em condições de expor idéias especificamente musicais, não *sobre*, mas *em* música. Estamos, por isso, mais aptos a compreender a irradiação deste "mistério"? Não se pense agora que pretendemos algo impossível! Num certo ponto do conhecimento, a nossa ambição depõe as armas. E não é porque aprofundamos nossas idéias *em* e *sobre* a música que chegamos à *idéia* de música; sabemos muito bem disso. Já dissemos: não acreditamos que o músico seja o mais apto para esta pesquisa; ele é muito parcial no seu trabalho; não tem consciência, em seu entusiasmo, da criptografia da sua linguagem e, assim, certos problemas permanecem fora do seu campo de visão, integrado que estão ao seu universo cotidiano, perdendo, desse modo, perspectiva e estranheza. E mais: se o compositor pudesse expressar em palavras o seu obscuro instinto de comunicação, se sentisse a necessidade de transcender verbalmente as contradições que o tornam um homem criativo – não seria mais um músico, mas escritor. (As mais belas composições de Hoffmann não são certamente aquelas que *escreveu* realmente, mas aquelas que *descreveu* "idealmente" nos seus livros; não é diferente com Nietzsche.)

O músico não chega à *idéia* de música senão pela própria música, meio de comunicação que lhe é próprio; somente aí ele desenvolve ao máximo o seu poder de convicção, somente aí ele é irrefutável. Cuidemos de não esquecer este fato fundamental; ou melhor, coloquemo-lo como epígrafe de toda reflexão "escrita" que redigirmos. Nossa força específica reside no fato de não ser a música uma arte carregada de significados diretos. Nunca percamos de vista que a ordem do fenômeno sonoro é primordial; viver esta ordem é a própria essência da música. Não há, de nossa parte, nenhum motivo para falsa modéstia, nem para uma derrota consentida de antemão, nem tristeza por não poder chegar à fonte por dois caminhos. É necessário tão-somente conhecer as suas capacidades a fim de poder melhor utilizá-las e, assim, evitar penosas confusões. Não se trata de procurar um álibi unicamente para nos livrar de alguns pesadelos; do contrário, nossa pesquisa se reduziria a comentários supérfluos, destinados rapidamente ao pó. Queremos nos colocar no âmago das questões que sempre retornam, nos situar no centro vital da criação musical.

Nós – ou seja, os próprios músicos, não apenas os seus comentadores – estamos sempre tentados a ver todo este conjunto de questões sob pontos de vista externos; conforme as circunstâncias e os casos particulares, o álibi será de natureza poética, filosófica, ou mesmo política. Tudo isso acontece como se a "não-significação" da música embaraçasse a maioria dos comentadores, como se fosse absolutamente necessário, para validar esta arte, dar-lhe um objetivo determinado, sem o quê ela seria inútil para a sociedade e mereceria apenas o apelativo de "arte de recreação", como foi apostrofada muitas vezes. É indispensável repetir: a música é incapaz de ser o advogado de idéias racionais; ela suporta todas, ou não suporta nenhuma, sem discriminação: trai-se a sua

47

natureza ao tentar imputar-lhe conceitos que lhe são estranhos. Ela pode, entretanto, assumir a firmeza das nossas idéias, suas qualidades emocionais, sua carga moral. Especialmente quando um conjunto de convenções é adotado coletivamente, certas situações sonoras conduzem a situações mentais que elas suscitam forçosamente por reflexões associativas; porém, uma vez desaparecidas estas convenções, ou o seu sentido nos permanecendo oculto por uma razão qualquer, somos incapazes de decifrar as idéias a que o universo sonoro se reportava expressamente; restam talvez alguns efeitos, porque descrevem certas reações humanas espontâneas e invariáveis, desligadas de qualquer meio de expressão. Uma vez que a comunicação de idéias é incompatível com os poderes da música, desdenhamos este álibi para encontrar um sentido e uma necessidade para o pensamento musical – e refutamos de antemão todos os argumentos que nos quiserem opor neste terreno. Rejeitamos toda "propaganda" na música, porque é resolutamente exterior às próprias finalidades da ordem sonora. (Gostaria de não limitar, de modo algum, a palavra "propaganda" ao seu sentido habitual, pois concebo-a num significado mais amplo, incluindo as diversas máscaras do proselitismo de idéias.)

Você insiste particularmente na incapacidade da música em exprimir outra coisa senão a si mesma; você reconhece que, por essência, ela é um "mistério"; você não teme o absurdo quando tenta agora analisar, com um mínimo de lógica, este fenômeno extremamente irracional? (Lembremo-nos da galinha dos ovos de ouro...) Você não tem medo de, literalmente, nada descobrir na a origem deste "mistério", pelo menos nada daquilo que os gênios mais ilustres se engenharam em formular? E, sobretudo, não teme matar em si toda espontaneidade, secar as fontes da sua vitalidade musical, ao ousar sondá-las? Será que este desejo desenfreado de conhecimento não se torna automaticamente uma terrível maldição? Tal curiosidade não é doentia, não demonstra uma ambição extremamente perniciosa, a de querer, a qualquer custo, descobrir mistérios que deveriam permanecer ocultos no mais profundo da consciência? (Sempre a galinha dos ovos de ouro, e mais um ressaibo de tragédia grega e de história bíblica...) Que diabo, não! Deve-se avançar corajosamente contra a afirmação de que a reflexão "intelectual' é danosa para a "inspiração" – a palavra "inspiração" tomada no seu sentido mais fulgurante, mais oracular! Será que minha natureza não é complexa o bastante para me permitir enfrentar estas diversas situações, ou, melhor, para me adaptar a estas circunstâncias aparentemente incompatíveis? Para dizer a verdade, tenho pouca confiança em pessoas que recuam diante da menor investigação, que consideram um tabu intransgredível o mergulhar nas águas profundas do conhecimento e que preferem confiar, de uma vez por todas, no instinto. Esta crença, ou, melhor, esta sujeição ao instinto, não me parece ser uma prova de força e de saúde, mas de medo; sim, vejo nela o medo de deixar afundar um vigor já debilitado. É preciso ser capaz de recuperar-se, como se diz comumente.

Mas, para finalizar, apresento a principal virtude: a imaginação! Será que é permitido à imaginação aceitar limites, mostrar um medo repentino diante das situações que para a sua própria salvaguarda seria melhor ignorar? Penso que a imaginação, mesmo em situações difíceis, nunca perde a consciência de si própria; ao contrário, estas situações só podem dar-lhe segurança e vitalidade. Não se deve ter medo de ir até o fundo desta pesquisa em profundidade: se ‹ seu poder de invenção não é "resistente", é que el‹ só espera esta circunstância para revelar a sua fra‹ queza; em outro caso, ele ganha um novo estímul‹ para a sua firmeza. O que se teme, na verdade, em revelar "mistérios" que, segundo se diz, seria um sacrilégio desvendar? É apenas o medo da impiedade que é a fonte de toda desconfiança? Não será, antes, o medo de não poder recompor o mistério com que se estava frente a frente? Seria medo de se ver tão "apagado", tão "desaparecido" e ter de assumir o seu nada? Se você se obriga a encarar com lucidez estas questões fundamentais, você se mete num processo terrível, num empreendimento perigoso; se a Esfinge ganhar, o que acontecerá a você, às suas pobres respostas, à sua curiosidade presunçosa? Certamente, nunca é agradável encalhar no próprio terreno e sentir as suas limitações de maneira irremediável; vale a pena levar a experiência até suas extremas conseqüências, ela nos imuniza contra fraquezas superáveis e fortalece nossa convicção. A imaginação, saída dessa prova de fogo, não mais precisa ter medo dos fantasmas que a assaltam. A questão da desconfiança diante do mistério da criação é, assim, solucionada; se não conseguirmos desemaranhar todos os fios deste mistério, restar-nos-á, como último recurso, a possibilidade de cortá-los, de acordo com um famoso precedente...

Gostaria de terminar, a propósito da personalidade do compositor, com uma frase admirável de André Breton; já a citei em outro lugar a propósito da obra em si. Estou certo de que, em todo grande compositor (em toda grande personalidade criativa), se encontra um "núcleo noturno, inquebrável". Mesmo que o quisesse, ele não poderia destruir em

50

si esta fonte profunda e inesgotável de irradiação (o talento, o que quer que aconteça, resistirá a toda abordagem puramente racional) – o compositor só pode degradar este núcleo se destruí-lo, ou esquecê-lo, por ódio, ou por descuido. Eu pessoalmente não tenho tais intenções... Confio neste "núcleo noturno", que sobreviverá mesmo ao estilhaçamento momentâneo de um raio.

2. No início da viagem do estudo, perigosa, arrojada mesmo, que empreendemos aqui, fixamos uma barreira: a dúvida fundamental em relação ao próprio projeto musical e com respeito a todos os meios de sua realização. Não sou, decerto, o primeiro a basear na razão duvidosa uma estrutura de pensamento... Mas, em música, muitas vezes se consideram solucionados problemas que de modo nenhum o estão; aceita-se levianamente o tradicional, e raras são as naturezas que se lhe opõem. Bem entendido, estou falando de uma rejeição motivada e não de uma recusa nascida da simples paixão. De fato, muitas vezes se observaram reações que, pelo menos exteriormente, assumiram um ar violento; mas pouquíssimas personalidades põem em dúvida, real e conscientemente, as forças legadas, esta dádiva graciosa da história, da qual é mais difícil tirar proveito do que parece à primeira vista. Não basta se pôr a campo com palavras contra o inadequado; deve-se extirpá-lo com atos... Ora, este malicioso feitiço verbal contra mortos ou vivos, mais velho do que ele próprio, é uma prática demasiado corrente; ultimamente, isso não tem exercido efeito, mas não tira o encanto dos seus pretensos méritos, nem diminui em nada o poder desta funesta ilusão. Em vez de libertar a mente

dos crescentes *handicaps*, acumulam-se deliberadamente alguns mal-entendidos; as confusões se amontoam e disfarçam totalmente a necessidade e veracidade de uma decisão. Acreditava-se ter removido preconceitos, mas eles foram apenas acentuados – e a consciência (aparentemente) boa é, de fato, um travesseiro macio.

Abordei, assim, o problema daquilo que em geral – com uma alta consideração prejudicial ou com um sorriso mefistotélico mais ou menos superior, com uma indiferença fingida ou com um desdém ostentado abertamente, e, por fim, ainda com uma admiração cada vez mais renovada, nascida da ingenuidade – se chama tradição. Uma palavra sagrada, se é que existe algo assim, uma palavra seguramente que de bom grado se usa de modo profano. Ela polariza devoções e ressentimentos, cristaliza energias e mobiliza um batalhão de forças antagônicas; magnetiza uns, eletriza outros, repele, atrai – em todo caso, fascina... Quem já não foi tocado pelo encanto desta palavra-chave? Quem já não foi estimulado a resistir-lhe? Quem não já negou aquilo por que responde? Quem não a insultou, a amaldiçoou, a enalteceu, mandou-a para o inferno? Quem não a feriu – em segredo ou abertamente, em todo caso no mais íntimo de seu ser? A força corrosiva deste conceito que se esconde na suave palavra tradição não se extingue tão facilmente! Ela está sempre pronta a pegar você, quer queira quer não; ela ainda povoa o centro das suas idéias, quando você já pensava tê-la desterrado do seu pensamento e da sua atividade. Ela estraga e falseia insidiosamente as relações entre você e aquilo que deseja exprimir; quando você menos espera, ela aparece no centro dos seus problemas. Pois não é verdade que é você o único responsável por você mesmo, por mais que possa insistir nisso; tudo, mas realmente tudo, faz da sua personalidade um fenômeno condicionado. Você pode achar isso natural, até vantajoso; você também pode lutar contra isso e considerar insuportável essa dependência, essa espécie de "predestinação" – a coisa persiste: qualquer que seja a sua reação, você não consegue libertar-se dessa influência! Deve-se não ter dúvidas sobre este estado das coisas, mesmo que não esteja pronto a aceitá-lo.

Com que atitude o compositor enfrenta os seus antecessores? No seu entender, ele reage de maneira dupla, atrelado inseparavelmente a si mesmo na sua duplicidade. Sem ela, ele não poderia existir, com ela também não o pode. Para ser mais exato, a verdadeira vocação de um compositor cresce em contato com outros compositores: nesse caso, estabelece-se uma sucessão inevitável e é simplesmente ridículo querer ignorá-la. (Segue-se daí o velho sonho que Klee sonhou um dia: dever-se-ia acordar certa manhã sem *saber* nada, absolutamente mais nada... Um sonho, por certo; e não se pode dizer que se deseje seriamente que seja verdade! Como é agradável e cômodo sonhar com algo que, segundo sabemos, nunca acontecerá com certeza. Isto, naturalmente, não adormece a insurreição e abre o caminho para uma vingança verbosa, que se sabe de antemão tratar-se de um fantástico mundo de compensação.) Mas, quando essa dependência constitui também um pressuposto fundamental – seja isso admitido ou não (a "confissão" pouco importa aqui) –, ainda assim permanece o fato de que o compositor se acha numa oposição mais ou menos violenta àquilo que o precedeu (rejeição ou aceitação – eis a questão aqui...). Assim, para libertar a sua personalidade, ele tem de realizar um verdadeiro ato de força, em cujo decurso absorve, tal qual um "reator", as energias potenciais

53

do material de que dispõe. Mais tarde, quando se tiver apoderado intelectualmente de um determinado campo, não mais dependerá tanto desta espécie de energética: as reações se tornam menos cruéis e rudes e evitam, igualmente, esta ou aquela paixão; a idéia se torna mais "clarificada" e adquire bases estatísticas mais gerais.

Vê-se que a tradição não suscita no compositor sentimentos unilaterais e puros; ao contrário, provoca nele um processo de evolução que sofre uma mudança no passar do tempo, primeiramente assimilando as influências e depois dominando-as ou anulando-as. A tradição condiciona a vida criativa, mas esta muda o aspecto original ao reagir contra a tradição, modifica no caso de uma obra de sucesso até mesmo as perspectivas iniciais, e certamente de maneira definitiva. Neste estágio, a tradição não influencia mais: antes, ela é influenciada e assume um rumo novo, inesperado. O "escolho" que ela encontrou desviou o seu curso de acordo com algumas leis cuja necessidade só mais tarde se torna patente.

A palavra "tradição" não corresponde a uma realidade objetiva e única; ao contrário, ela reúne em si mesma inúmeros pontos de vista imaginavelmente diversos, quando não se pode considerá-los subjetivos; eles jogam um contra o outro. E, já que cada um tende a manifestar-se como única verdade, *evocam* conflitos e disputas orais; refletem em alta medida opiniões individuais de todo tipo que, dependendo do gênero, são mais ou menos escolásticas, mais ou menos orgânicas. A imagem petrificada de uma época, que num ponto arbitrário da história foi parada como que por uma varinha mágica, topa com uma consciência da responsabilidade, que é tudo menos contemplativa e que deseja atuar com uma ênfase que chega às raias da falta de respeito, senão do sacrilégio... (Mãos frágeis de pessoas religiosas ou um tocar decisivamente profanador – não é essa a questão aqui.)

Falei de propósito somente da tradição na qual e da qual se nasceu e que, por conseguinte, é a primeira a envolver e atacar alguém: do mundo que nos pertence por privilégio, sem que pudéssemos tê-lo escolhido; desta geografia da cultura que nos é dada além da nossa vontade e de nossa capacidade de decisão. Uma realidade específica do nosso século é o alargamento do nosso campo de visão, e portanto o aumento de possíveis confusões ou indecisões. A civilização moderna alterou definitivamente determinados conceitos, considerados totalmente intocáveis, ao abrigo de qualquer conflito de opinião. Aconteceu que ela – culturalmente, bem entendido – nos deu a possibilidade de um movimento no tempo e no espaço, fez com que nosso entendimento e nosso sentimento batesse contra recifes dos quais tínhamos *a priori* apenas conhecimentos vagos e tranqüilizadores, estabeleceu a igualdade dos direitos que o colonialismo ou o exotismo haviam desfigurado de forma extrema. Progresso, verdade, o absoluto: aqui alguns estrépitos perderam-se no vento... Falamos hoje mais de deslocamentos de interesse do que do progresso de mão única; em vez de referirmo-nos a uma verdade, fazemo-lo antes às relações e vinculações de um sistema de pensamento que é por si só conseqüente com respeito a origens, meios e resultados; e vemos o grande absoluto como uma soma inteiramente relativa de pequenos absolutos... Não mais verdade aqui – equívoco lá; em vez disso, talvez, equívoco por todos os lados, contribuindo para a formação de uma verdade multiforme e variável.

Mesmo que, à primeira vista, isso possa parecer tão surpreendente, ou mesmo absurdo, não existe tradição naquele sentido *fixado* com exatidão, que comumente se relaciona com esta palavra; existe, antes, uma corrente histórico-mundial à qual nos adaptamos pragmaticamente ou segundo coordenadas estabelecidas teoricamente. Mas justamente aqui, no ponto da classificação, atua a personalidade, falam a força e a firmeza na escolha. Para ser mais exato, a dúvida, formada com razoável consideração, prepara a classificação e determina seus fatores. Significa isso que adoto, assim, uma atitude propriamente positiva sob o signo destruidor de negação e incerteza? É possível começar um ato de criação com uma recusa? Será necessário primeiramente destruir para depois reconstruir? Destruir para se afirmar – não será um erro fundamental? E então, francamente: tira-se algum proveito disso? Não se trataria de um complexo de Heróstrato? Você acredita que basta atear ao fogo as obras-primas – independentemente de você as venerar ou não – para ser incluído no grupo dos imortais? Não constitui uma infantilidade estéril "desmantelar" aquilo que você admirava? Não bastaria um pouco de reflexão para tornar isso claro a você mesmo? Você, com sua atitude incompreensiva, não corre perigo de depreciar-se e extenuar-se até à incapacidade? A honrada modéstia traz alguma vantagem? Valerá a pena a altivez do destruidor? Não será um pouco de ingenuidade a ousadia de querer triunfar sobre ruínas ou sobre o mundo vazio? Adotar poses de Fausto não viria a reboque do Romantismo, e nem sempre do melhor Romantismo? Não haveria algo de fanfarronice no gesto a que você atribui tal valor? Não se esconderia, atrás do pretenso motivo da sua dúvida, uma mera sede de destruição? Tem você a ambição demoníaca ou grotesca de sobrar sozinho nessa dissolução geral? Você não receia a queda e a falta de saída? Não tem medo de Ícaro, de Lúcifer, da Rocha tarpéia? E por trás de sua altivez não estaria oculta a incapacidade inibitiva de "simplesmente" enfrentar aquilo que, na verdade, não deveria causar qualquer problema? Não se experimentou à saciedade o fato de nunca se poder descobrir uma necessidade para uma dúvida como a que você nutre? Não quer você fazer acreditar que a sua situação, que deve continuar sendo a sua situação especial, possui validade geral? Não estará em jogo aqui uma ilusão? Não tenta você trazer para a sua catástrofe aqueles que podem ser seduzidos pelo aparente rigor de uma argumentação? E, finalmente, não haverá também um desejo de criar dificuldades a qualquer custo, seja para ter o prazer barato de dominá-las, seja para – no caso de ter de engolir derrotas – ter uma provisão de desculpas? Não seria isso uma simples manobra diversionista, tanto em relação a você mesmo quanto aos outros? Não significará a dúvida uma mentira consciente ou inconsciente, indesculpável no primeiro caso, penosa no segundo?

Às vezes, é perigoso este fogo cruzado de objeções! Enquanto algumas destas questões são encaradas como algo mais que indícios de hipocrisia, mais que literatura, ou como uma certeza alterada na rotina das suas práticas tradicionais, outras revelam claramente o perigo e a altivez secreta de atitudes que lidam com condenação e redenção de modo acentuado demais para que possam ser realmente honestas... O Eu com pretensão a redentor, que põe fim a uma era de trevas e de aflição, tem todas as possibilidades de se tornar ridículo e, ainda assim, continuar sem influência; entretanto, também o Eu modesto (cujas raízes são totalmente evidentes, senão confessadas, farisaicas) não mais corre o perigo de despertar simpatias irrestritas. A frivolidade

57

desafiadora não tem melhores seguidores do que a ascese teimosa, e a decisão que limita o hedonismo não parece mais satisfatória do que uma funcionalidade que remonta a componentes rudimentares e desfigurados. Quando, porém, rejeitamos o gesto messiânico, cujo brilho é enfeado por uma ponta de humor, tanto quanto o descaramento que se esgota em arabescos afetados e artificiosos – teremos, por isso, chegado ao fim da corrente de objeções e provado, assim, a nossa capacidade de evitar perigos de outros tipos? A questão fundamental ainda não parece solucionada quando desmascaramos as atitudes extremas na sua inconseqüência e ostentação. Permanece a questão: por que se deve colocar a dúvida no começo, e de que forma se pode justificá-la como base do conhecimento?

Creio poder responder em seguida: toda verdade que não foi brutalmente confrontada com a experiência pessoal, em suma, toda verdade não-vivida – e viver uma verdade significa questioná-la fundamentalmente cada vez mais em relação a si mesma, aos seus próprios riscos e perigos – toda verdade deste tipo permanece exterior e não tem conseqüências para o seu pensamento e sua força de expressão. Além disso, pode-se dizer que não viver uma verdade já existente representa uma inconseqüência diante dela. Cai-se então sob as coortes das idéias herdadas e das verdades assumidas que não podem ter a menor influência orgânica sobre a consolidação interna do Eu; se ainda surge um sedimento delas, ele permanece necessariamente na superfície; no entanto, frustra seus princípios de uma existência pessoal e não consegue dar qualquer base ao seu direito à existência. Questionar a herança dos antecessores não significa negar a verdade de sua experiência e a autenticidade dos seus resultados; não tem mais cabimento opor-se à sua existência ou afirmar o significado desta existência. Ao contrário, deve-se fazer um balanço dos resultados experimentais e pesar a importância desta existência. Somente então se pode passar ao principal: pôr em dúvida balanço e valores, e certamente não mais na incondicionalidade de um confronto imaginário, mas com relação às suas próprias estruturas de pensamento e de sentimento. Seja a linguagem própria – quer dizer, descobertas morfológicas, análises sintáticas, pesquisas formais – sejam projetos estéticos – das investigações na esfera puramente musical à ligação com outros meios de expressão: tudo sofre uma profunda revisão, repudiando categoricamente a validade automática das relações com uma obra que se converteu num fenômeno histórico. A dúvida, tal como a entendo, significa sobretudo uma dissolução, a mais completa possível, do automatismo das relações com "outrem"; é uma atitude que lhe permite guardar distância de pensamentos alheios, que desmascara o chamado "natural" que cerca toda obra quando ela deixa de ser movimento. (Este "natural" equivale a uma teia de aranha tecida com tanta rapidez que envolve quase que imediatamente a verdadeira natureza do objeto musical absorvido dessa maneira.) A atitude de que falo leva em conta tanto o processo de evolução de uma personalidade quanto as etapas isoladas de sua mudança; esta atitude constrói o seu próprio mundo e o organiza; obriga você a uma responsabilidade espontânea nos inúmeros pontos de intersecção do seu desenvolvimento.

Empreguei de propósito o conceito bastante usual de "natural". Constitui um dos grandes argumentos na discussão incessantemente crescente sobre a qualidade da criação. Nada de natural – nada de arte, declarou-se muitas vezes; mas ao mesmo tempo tem-se a afirmação de que arte e habilidade, mesmo não sendo sinônimos, possuem uma raiz comum. Se insistirmos nesse ponto, a noção de natural se apresenta singular num mundo em que tudo é debitado mais ou menos à habilidade e ao gênio inventivo; tanto o emprego do elemento sonoro quanto a própria teoria mostram suficientemente quantos compromissos são necessários perante a natureza para chegar ao famoso "natural". O natural, encarado como argumento, lembra muito o cavalo de Tróia, pois seus flancos escondem um número considerável de questões capciosas, que sempre se preferiu deixar na sombra benéfica de pretextos eloqüentes, tão vagos quanto generosos. (Você tem a escolha: *De natura rerum* ou *De naturae rebus*?...) De fato, parece que aquilo que se tornou hábito, seja através da educação, seja mediante experiência pessoal, tanto uma como a outra fazendo sucumbir toda investigação ativa, é considerado natural. Soa como paradoxo quando digo que se considera natural apenas aquilo que se parou de descobrir, de *inventar*? Chega-se, assim, à aparência ilusória, como se se pudesse compreender por si mesma uma obra de sucesso, não só nos seus propósitos, mas, gramaticalmente falando, nas suas articulações. Esta opinião algo equívoca acarreta estranhos mal-entendidos; às vezes leva as pessoas bem intencionadas a estabelecer limites ao desenvolvimento de modo que nada mais deixa a desejar em matéria de arbitrariedade. Poderão algum dia explicar-nos em nome de que poder misterioso decidem o que é natural e o que não é? Indicamos simplesmente a inconseqüência de uma tal distinção. Longe de acharmos naturais as obras-primas, queremos investigar o seu vocabulário e pesquisar seus intentos até chegar à própria origem. Embora não recebamos *a* resposta..., pelo menos conseguimos compreender um pensamento em sua evolução. Isso é provavelmente o essencial. Acautelemo-nos, sobretudo, com o fetichismo da observação passiva ou da modéstia espontânea; são os anestésicos mais eficazes para o espírito crítico que então se embala em ilusões e adormece suavemente no olvido das suas capacidades.

A vigilância não significa irreverência e destruição, mesmo que muitíssimas vezes nos inclinemos para esta opinião; ela é o desejo de não sucumbir incondicionalmente à fascinação por obras-primas, ela é a ratificação da pesquisa que se realiza, a corroboração também do pensamento sempre vivo. A vigilância é o desejo pertinaz de confrontação, uma reação orgânica no contínuo crescimento do intelecto. Não temos dúvidas de que estamos bem longe de toda irreverência superficial que se esgota no ingênuo desejo de auto-afirmar-se. O que ela faz? Lança anátemas, cujo fundamento não deixamos de verificar; solta fartos protestos, ora engraçados, ora enfatuados; posa vaidosa, zombeteira e com um equilíbrio de saltimbanco. Que espécie de irreverência já não vimos desmoronar-se tão logo sopra um outro vento de moda, e o que descobrimos por trás desta frágil fachada? Nada! A insuperável falta de idéias e o prematuro envelhecimento de intelectos com juventude retardada. Eu disse uma vez de Debussy que seu grande mérito era ter sido um autodidata por livre escolha. Autodidata por livre escolha – é o que todo aquele que deseja afirmar uma pretensão deve experimentar depois de um certo período de assimilação. ("Nathanael, agora jogue fora o meu livro"... seria o correspondente atenuado para a violenta advertência de Zaratustra. Mas quem pode esquecer o livro depois de tê-lo jogado fora? Será possível também jogar fora a memória? Depara-

61

mo-nos aqui de novo com o ideal com que Klee sonhou: não saber mais nada!) De fato, considero enorme a diferença entre o autodidata por livre escolha e o autodidata por circunstâncias ocasionais; falando honestamente, eles não são diferentes entre si apenas por natureza ou por qualidade, não são comparáveis ou, melhor, não se pode medir um pelo outro! Existe uma forma ingênua de anarquia, uma que é "ignorante", ou porque não teve oportunidade de aprender ou porque não aproveitou na época esta oportunidade. Passou-se ao lado do saber, evitou-se o saber de modo irreparável, seja por um reflexo de desconfiança ou por excessiva segurança, seja por ingenuidade, temeridade, seja por desprezo, incapacidade, desleixo ou por causa de um gesto impressionante. A isso eu chamo encontrar-se na situação do autodidata por circunstâncias ocasionais, mesmo que se esteja decidido pelas circunstâncias! Gosto de comparar este autodidata a um camponês que ara o campo com uma escova de dentes e procura convencer os outros de que isso tem sua eficácia, porque é curioso e incomum: uma prova de confusão mental, nada mais. O saber não é indigno, nem é forçosamente uma peia; não mata a sua originalidade, nem sufoca a sua personalidade; não arruína tampouco sua fisionomia. (Aliás, você tem certeza de ter uma, se não aceita a tentativa elementar de adquirir saber?) Esta ingênua anarquia não passa, decisivamente, de pura ilusão, primeiro em relação a si mesmo, mas muito provavelmente também com respeito aos outros... Sempre foi fácil rejeitar o saber em nome de uma informe inocência original; o inconveniente está certamente no fato de que esta inocência leva muitas vezes à incorporação ousada de trapos culturais apanhados aqui e ali, dependendo de como o vento denuncia os encontros, que ponto cardeal é indicado pela bússola do gosto. Ainda assim, falta a prova essencial: o motivo indubitável da chamada "inocência original". Creio que, se se raspasse um pouquinho a modernidade aparente deste reboco, apareceria facilmente algo como o mito do "bom selvagem", revestido de cores berrantes. Deixemos de lado a brincadeira: esta forma superficial e antecipada da dúvida mostra, sobretudo, uma irreverência para consigo mesma; se é ingênua – tanto melhor; se é consciente – tanto pior.

Se rejeitamos categoricamente as circunstâncias ocasionais para o autodidata, acreditamos, no entanto, inequivocamente, nas vantagens da livre escolha. Para abalar a segurança, que se adquiriu fácil demais no contato com o conhecimento apropriado, deve-se demonstrar uma predileção profundamente arraigada por aventuras e desconfortos; também o desejo de começar, sob quaisquer circunstâncias, a pesquisa do próprio Eu, não se podendo ter medo de pagar a conta, o preço da segurança. Pesa-se então toda a importância da aposta: a responsabilidade constitui a base da ação. (Em contrapartida, a falta de responsabilidade é característica do autodidata por circunstâncias ocasionais; a meu ver, isso não contribui para aumentar a consideração por ele.) O propósito resoluto de aprender de novo, de encontrar de novo, de descobrir, enfim de nascer de novo, está além daquele ponto extremo da dúvida que dinamita o saber herdado; é a decadência do *igitur*... Uma experiência mística, pode-se dizer, cuja evidência e necessidade ninguém reconhece... Se você o acha bom e oportuno, escorregue escanchado corrimão abaixo, você não precisa escolher exatamente a meia-noite para a sua chegada embaixo; mas não pode evitar a investigação do seu calabouço subterrâneo... Dê um nome a este momento angustiante de acordo com as suas associações pessoais: evoque o "único frasco"; pense no "passamos pelo Canal de Suez – é sério, só se passa por ele uma vez"; você nunca escapará à exigência desta experiência extremamente essencial, se se ativer mais à sua essência do que à sua aparência. Atire-se ao fogo que existe em você mesmo e não esqueça, ao mesmo tempo, a velha história de Aquiles e o seu calcanhar. Nesta situação extrema não há lugar para a mão materna...

Livremo-nos rapidamente destas visões poéticas; elas podem nos envenenar! No meio de tanta fumaça corremos o risco de tropeçar em um tripé pítico e nos perder no deserto onde magos e bruxas exercem sua arte! O nosso ponto de partida na dúvida razoável era bem mais modesto, e agora o lirismo nos apanhou a meio caminho de um ponto onde deixamos de levar em conta esta racionalidade que sempre rejeitou categoricamente raios, fogo, meia-noite, veneno e toda a mascarada de um romantismo incorrigivelmente visionário. Falamos expressamente da dúvida fundamental; certamente, esta dúvida não pode levar tão longe que comecemos a duvidar da nossa própria razão. Consideremos, portanto, o problema sob um ponto de vista mais objetivo, porém mais profissional. Depois dos altos e baixos que possuem uma leve aparência do sublime e nos quais a imaginação pode rapidamente nos arrastar com ela, a obrigação de falar do profissional nos coloca de novo no terreno da realidade... Passemos à prática e vejamos se os altos propósitos podem perdurar. Se perdurarem, bravo; podemos então convencer-nos de que o vôo poético não era tão necessário, porém aceitamo-lo de bom grado como algo adicional. Se não persistirem, que pena; entregamo-nos por um momento a divagações, mas não temos dúvidas de que se tratava apenas de um episódio estranho, de uma questão secundária que não correspondia à nossa índole.

Passemos então à prática! Já disse que devemos romper com todas as noções herdadas, e assegurei também que temos portanto condições de reconstruir o nosso pensamento a partir de dados totalmente novos; além disso, afirmei que, com estas condições, se abre para nós um campo ainda não pesquisado da escolha estética. Uma série de afirmações tão decisivas quanto ousadas. Cabe a mim, sem dúvida, prová-las e expor convincentemente sua justificativa. Fá-lo-ei apoiado nas minhas experiências pessoais. Todavia, estou consciente de que assim não posso convencer integralmente; não sou bastante ingênuo para acreditar no poder irresistível de convencimento do exemplo pessoal; pois sempre me podem objetar que se trata precisamente de um exemplo pessoal que perde seu sentido essencial, tão logo se quer apresentá-lo como modelo de uma eventual generalização. Creio, porém, que na minha própria atitude se reflete toda uma geração e que esta atitude não é meu feito especial, pois ela se encontra com maiores ou menores semelhanças – todavia, também com divergências sérias – num certo número de personalidades que, mais ou menos no mesmo momento, se conscientizaram como eu do mesmo problema, e na verdade numa atitude intelectual global muito semelhante. Abordamos, então, a herança de um mundo musical, na qual havia nítidas contradições, numa época em que os meros problemas da linguagem se apresentavam com uma urgência especial e deviam determinar, de modo decisivo, a direção a seguir. Depois que tivéssemos feito a nossa escolha, com maior ou menor facilidade, às vezes de modo extremamente incerto, entre aquilo que estava à nossa disposição, possuíamos sem dúvida os

65

dois pontos de partida, mas restava uma quantidade considerável de contradições, e estávamos decididos a eliminá-las de modo severo. Somente o rigor poderia nos ajudar a "desemaranhar" uma situação complicada de maneira diversa. De fora, este rigor foi muitas vezes equiparado a um fanatismo insuportável e, conseqüentemente, repudiado como indício de um espírito de camarilha, como um sinal repugnante do pensamento de grupo, do espírito de uma "escola" que se distanciou de toda medida razoável. Somente aqui o rigor é facilmente considerado de fora como fanatismo e intolerância, pois não se fez qualquer tentativa de fundamentar a sua razão de ser, de compreender a sua absoluta necessidade. Amiúde os reformadores aparecem, antes de tudo, como perturbadores importunos, cuja intransigência e severidade exageradas só podem provocar indesejáveis catástrofes na "ordem das coisas"; mas esta "ordem" é muitas vezes apenas uma detestável desordem, à qual nos habituamos por negligência. Quando entra em jogo a indulgência, todo capricho que rejeita esta confusão por ser imprópria para a evolução do pensamento é considerado mero sacrilégio. Por comodidade prefere-se muitas vezes um caos de semiverdades e erros evidentes, e seu saneamento, cortando o enorme abscesso, deita abaixo esta hipocrisia. O rigor a que nos havíamos decidido não continha, portanto, vestígios de fanatismo, mas a vontade muito razoável de eliminar a desordem; de chegar ao estudo de uma verdade fundamental da linguagem; de encarar as extremas conseqüências cujo começo tínhamos à mão. Nesta investigação, que na verdade não seria inoportuna aqui, o desafio não desempenhou o menor papel; o desafio não existe apenas na aparência e precisamente aos olhos daquele que não se sente atraído por um reconhecimento de interesse vital. Se se pode falar de desafio, é na verdade no sentido de que o dirigimos a nós mesmos. Que outra coisa visamos com a aventura senão questionar novamente algumas certezas que mal havíamos atingido? Mas o desejo de se "pôr a caminho" é mais forte do que qualquer outra consideração; e sabíamos – de modo obscuro talvez, mas bem no íntimo – que esta estreita e difícil passagem tinha de ser transposta se quiséssemos realizar a nossa ambição e revelar um mundo novo. Visto em retrospectiva, este período da dúvida começou sem um grande conhecimento dos perigos que nele se abrigavam; mostrou-se, porém, pelo sim pelo não, altamente significativo, se considerarmos as decisões a que ele nos levou. Somente esta experiência direta, às vezes entusiasta, ocasionalmente triste, nos tornou plenamente conscientes da responsabilidade do compositor na formação da sua linguagem. Muitas leis, cuja importância nunca havíamos verificado, porque as considerávamos "naturais" em conexão com a nossa herança, de repente apareciam-nos a uma luz extremamente oblíqua. A brusca mudança de ponto de vista levou-nos a refletir sobre as questões mais fundamentais da percepção da música, em que tínhamos de levar em conta as mais diversas categorias: percepção de freqüências, percepção de durações e, em geral, de tempo; percepção da forma e dos elementos que contribuem para a sua existência. Tanto as relações mais simples, quanto as mais multiformes tinham de ser conquistadas de novo via vazio e mesmo via absurdo. Por isso, todos os clichês foram eliminados sem indulgência, como corpos estranhos. Oh! sim, foi uma luta dura!

Como procedermos neste caso? Eliminamos tanto quanto possível a parte meramente "pessoal", casual da composição. Um ponto de partida singular, diriam, de certo modo uma automutilação voluntária; estávamos possuídos pela ambição de Klingsor? Fomos muitas vezes advertidos antes, aliás anos depois da experiência. É curioso ver aparecerem regularmente depois estes receios mais ou menos interessantes, quando o problema foi resolvido há muito tempo. Assim, foi-nos censurado como pecado mortal, entre outras coisas, a renúncia do compositor e a fuga diante da responsabilidade. Fomos dissuadidos de querer aqui concorrer com a máquina, apelando para os perigos do automatismo e para a inutilidade, pois a máquina sempre será a vitoriosa; já que a qualidade não conta mais, a máquina deterá o privilégio da velocidade. Todas estas advertências provêm, seguramente, de pessoas inteligentes, senão bem-intencionadas; elas esquecem, no entanto, que também nós temos alguma capacidade neste campo, e que suas objeções – ou pelo menos a maioria delas – já eram de nosso conhecimento muito antes de "mergulharmos" na dúvida baseada no número. Apesar disso, tentamos o que nos parecia inevitável, e isso com total conhecimento da situação. Contra estas réplicas de policial da décima-terceira hora, cito novamente Pascal, que, a respeito das objeções de não sei que jesuíta, escreveu estas linhas sempre atuais: "Se muitos eruditos defendem uma determinada opinião, não se precisa mais atentar para os contra-argumentos que parecem deitá-la por terra, se forem facilmente previsíveis; pois pode-se ter certeza de que os defensores desta opinião já estavam entrincheirados contra as objeções e também encontraram soluções justamente por causa da fácil previsibilidade; pois eles prosseguem em seus pensamentos". Se estamos, portanto, informados sobre "abdicação" e "automatismo" – de que nos adianta dominar estas objeções fundamentais e tomar, desde o início, uma direção que oferecia um solo tão fértil para controvérsias e erros? Voltando à minha pessoa, escrevi nestes anos de "depuração" o meu primeiro livro *Structures pour deux pianos*; constituído de três partes, uma apenas já apresentava material para inúmeros comentários, análises ou estudos, que – falando com indulgência – não brilharam com especial sagacidade. Não é como se a própria análise fosse inexata! Podia sê-lo em geral? O material é muito simples, e eu mesmo forneci todas as chaves para a análise; de um trabalho de detetive podia-se com razão esperar coisa melhor... a análise da segunda parte, por exemplo: é singular (sintomático...) que ninguém se tenha arriscado a isso. Provavelmente por duas razões: devido à dificuldade da análise, porém mais ainda porque as conclusões haviam contradito totalmente o que fora deduzido da primeira parte!

O primeiro erro desses comentários – e é bastante grande – é que a primeira parte não foi apresentada no contexto das estruturas todas; o segundo é que, por isso, foram tiradas conclusões bastante falsas, menos com vistas àquilo que pretendi fazer do que, ao contrário, àquilo que fiz de fato. Menciono isso apenas de passagem para eliminar um *handicap*: a saber, idéias que, por motivos diversos e em diferentes circunstâncias, foram consideradas minhas.

Chego agora à realidade desta experiência. Posso descrevê-la a partir de certa distância, pois já se passaram mais de dez anos e outras experiências essenciais a superaram. (Aquela experiência operava apenas sobre a linguagem, as outras questionaram a expressão como tal.) Meu plano baseou-se na seguinte idéia: eu queria apagar do meu vocabulário absolutamente todo vestígio do tradicional, no que se refere tanto às figuras e frases quanto ao desenvolvimento e à forma; queria então reconquistar pouco a pou-

69

co, elemento por elemento, os diferentes estágios do movimento melódico, de tal modo que se pudesse criar uma síntese inteiramente nova, uma síntese que não fosse estragada desde o início por corpos estranhos – especialmente reminiscências estilísticas. Em segundo lugar, persegui a idéia de uniformizar aqueles aspectos da linguagem que, até então, persistiam num estado de conflito que era, para mim, especialmente desagradável; incomodava-me ter de aproveitar de um compositor um sistema de alturas, de outro um princípio rítmico, de um terceiro uma idéia de forma: neste estado das coisas, o mandamento mais urgente parecia-me a unidade de todos os elementos da linguagem fundidos no crisol de uma organização única que deveria ser responsável pela existência, desenvolvimento e correlação dos elementos da linguagem. Note-se: a ambição era grande; quem quisesse lançar-se precipitadamente a um projeto de conseqüências tão amplas, não podia ser atormentado por qualquer escrúpulo. Todavia, já que eu não podia aceitar como solução qualquer compromisso incerto, era capaz de começar a "fuga para a frente"...

Tomemos novamente cada uma das duas idéias e desenvolvamo-las. Será que conseguirei esclarecer a cronologia destas idéias e provar a primazia temporal de uma em relação à outra? Em princípio, a questão não é muito importante; como uma resulta da outra, provavelmente eu não tinha tempo de apresentar a ordem de urgência, de provar os direitos de prioridade!... A uniformização da linguagem exigiu uma total renovação dos valores "semânticos"; o questionamento do vocabulário em todos os níveis obrigou-me a procurar uma unidade fundamental. O próprio título dá uma informação bastante clara sobre os meus propósitos básicos.

70

De que maneira acreditei poder eliminar do meu vocabulário todo vestígio do tradicional? Confiei a inúmeras organizações a responsabilidade pelos diversos graus do trabalho criativo. Depois de escolher a situação material *já existente*, dei-lhe, por meio de uma série de números, uma autonomia total, sobre a qual eu apenas precisava exercer maior influência de uma maneira descompromissada, superficial, de modo que estes mecanismos automáticos não entrassem em desordem. Atribuo importância ao fato de ter usado um material *já existente*, pois era meu propósito não influir no começo mesmo; isso impediu todo acesso a uma decisão pessoal no sentido de preferência ou de rejeição. (Quero lembrar que este primeiro livro se baseia num modo tirado da composição para piano "Mode de valeures et d'intensités" de Messiaen.) Desenvolvi, portanto, as possibilidades de atuação de um material, considerado numa única dimensão, e neste caso orientei minhas pesquisas especialmente para um desenvolvimento uniforme. Isso ocorreu certamente de maneira artificial e levou a um acordo cômodo, no qual a arbitrariedade incomodava menos que a comodidade; isso reuniu mais externamente que internamente os diversos constituintes de um som, mas produziu uma solução, ainda que provisória, para o problema da síntese até então inevitável. Principalmente na primeira das três partes, o acordo ficou por assim dizer "a descoberto", pois a cada nível de som foi dada a mesma densidade, mais ainda: o mesmo "peso". A linguagem foi rigorosamente atrelada a uma rede de possibilidades bem limitadas; alguém poderia continuar pensando que se tratava antes de uma camisa-de-força e que não eram necessários métodos tão estreitos para que a linguagem evoluísse numa nova direção. Todavia, continuo afirmando: esta experiência era realmente fundamental apenas lá onde ela levou diretamente ao limite do disparate lógico... Eu estava tão consciente disso que, imediatamente após escrevê-la como epígrafe, dei a esta parte o título de um quadro de Paul Klee: "Monumento ao limite da terra fértil"... Mas a necessidade de encontrar títulos também para as outras duas partes e a evidência de propósitos pessoais claramente sublinhados me levaram a renunciar a qualquer apadrinhamento expressamente acentuado. (Será que fiz mal? Ainda creio que não, a despeito dos abundantes comentários mais ou menos insensatos que se seguiram...)

Desse modo, como acabei de descrever, a primeira parte se apresenta mais como uma espécie de "colocação-entre-parênteses" da linguagem musical, e isso tanto nos seus meios quanto nos seus fins, tanto na sua gramática quanto nas suas componentes expressivas; esta parte quase se insubordinou frente à timbrística, como se esta a incomodasse na sua colocação mediana entre idéia e realização. As chamadas idéias abstratas só podiam realizar-se mediante um meio instrumental que se mantivesse tão longe quanto possível dos pontos de referência "realistas". Por isso, escolhi o piano: entre todos os instrumentos, é certamente o único que pelo menos resiste aos usos mais extremos a que nos sentimos impelidos. Sempre soa "bem", não apresenta situações desfavoráveis, oferece as maiores possibilidades de registro e dinâmica, permite o mais alto acrobatismo na disposição das partes, em suma, é o instrumento ideal para um projeto desse tipo, para tal depuração. Foi escolhido como corpo sonoro não tanto por suas qualidades diretas, quanto pela ausência de erros, se assim posso dizer! O emprego de dois instrumentos forneceu uma solução ideal para todos os problemas puramente práticos que pudessem surgir no caminho. Tanto neste nível quanto nos outros, estava em ação a vontade decisiva de não intervir na matéria musical, mas, ao contrário, deixá-la mover-se numa espécie de autonomia que não exigisse qualquer atenção dirigida ou invenção. Por toda a parte, somente as condições sonoras podiam dar conta de meus propósitos, de meus planos, condições que, de acordo com o seu próprio mecanismo de existência, gozavam de uma espécie de independência. O automatismo de uma estrutura serial uniforme corresponde à atitude passiva do "meio de transferência", à condição de um material inicial "pré-fabricado". A vontade do compositor como tal se via totalmente desligada da "peça de exposição"; a ela se adapta muito bem aquele adjetivo que qualifica um determinado tipo de concreto: poder-se-ia falar de uma vontade "pré-comprimida".

Como conseqüência de todos estes pressupostos, fica totalmente evidente que a forma só poderia nascer do *jogo* das diversas categorias sonoras "estruturadas"; generalizando, as mudanças nas relações deveriam fundamentar o desenvolvimento formal e serem responsáveis por uma ordem abrangente que daria sentido aos esquemas isolados. Além disso, haviam-se volatilizado por completo os inúmeros conceitos de origem "clássica", que se solidificam no contraste aberto ou oculto entre contraponto e harmonia. Dever-se-ia falar necessariamente de dimensões horizontais e verticais, ambas se tornando categorias reversíveis por meio da articulação da densidade e por meio da coincidência no tempo. Por instantes estabeleceu-se uma dimensão que mais tarde chamei diagonal ou oblíqua, querendo indicar com isso a sua participação em duas situações e sua posição intermediária, ou melhor, sua posição realmente medianeira, sua posição como eixo central.

73

Esta dimensão diagonal não mais se relacionava formalmente com a seqüência ou a estratificação, mas punha em jogo um arranjo de situações muito mais gerais, que era menos especializado nas suas funções sintáticas. Esta modificação dos dados e das metas dentro do mundo dos próprios sons e este radical questionamento da sintaxe das freqüências em todos os graus da hierarquia e em todos os níveis de descoberta dentro da dialética da linguagem receberam – como se pode imaginar – um equivalente exato no campo das durações. O conceito de métrica não mais possuía por si próprio uma existência real, pois todo o pensamento rítmico baseava-se num "acúmulo" de durações. Decerto, estas durações derivavam de uma unidade fundamental, mas a sua organização não indicava qualquer dependência de alguma combinação privilegiada. Uso a palavra "duração" especialmente com este propósito, pois pressupõe um tempo cronológico que se situa antes do tempo vivido e tem elevada importância. A organização do tempo segundo uma métrica regular mais ou menos elaborada, ou mesmo conforme uma métrica irregular e basicamente assimétrica, mesmo o emprego de células rítmicas ou de qualquer outro processo de organização baseado nas relações entre valores, pressupõe, por assim dizer, uma experiência do tempo vivido com princípio fundamental. Aqui – no primeiro livro das *Structures* – tratava-se, sobretudo, de um tempo avaliado de modo exclusivo e exatamente cronológico, que não possuía qualquer qualidade "fisiológico-acústica", de um conceito de duração que era reduzido a uma situação anterior à percepção, se ouso empregar semelhante vocabulário. Nestes valores de duração que não existiam na "pré-consciência" da obra, a única função do tempo seria dar um conteúdo semântico e até mesmo "ideológico"; no que se refere à ação recíproca dos organismos – dos tempos e dos valores absolutos (dos valores-padrão) – somente a ela foi confiada a vida rítmica; auxiliou-a nisso a densidade de estruturas que haviam sido concebidas independentemente uma da outra. A rítmica global não derivava, portanto, de uma organização periódica com que o tempo se relaciona, mas, sim, de uma estatística das coincidências. Conseqüentemente, o ponto de apoio mais importante da medição do tempo continuava privado da percepção: ela tinha de apoiar-se numa categoria diferente onde os pontos de comparação não mais se revelavam evidentes, onde ao contrário a única abordagem possível consistia em avaliar a proximidade ou o afastamento, avaliação provocada pelo constante desenvolvimento da densidade. Isto causou um golpe especialmente violento na medição do tempo, pois extinguiu um dos hábitos mais arraigados no subconsciente: ou seja, medir o tempo musical por uma espécie de oscilação de um pêndulo.

Também a dinâmica tomava parte neste questionamento do mundo das sensações, ao avançar a experiência em todas as direções possíveis. As nuanças dinâmicas – como foram chamadas com boas razões – haviam nascido, sobretudo, da necessidade de um gesto meramente expressivo, ou mesmo dramático, com o objetivo de uma encenação acústica; foram notadas a fim de "carregar" o texto e tornar mais compreensível o sentido do escrito; em suma, a fim de dar maior eficácia às implicações afetivas de uma obra. Como tratei a dinâmica segundo as mesmas formas de estruturação que a altura e a duração, abri, desde o início, uma brecha na ressonância puramente afetiva; de fato, reprimi conscientemente a possibilidade de um gesto expressivo ou espetacular a fim de devolver à dinâmica a sua função puramente acústica de coordenação. Isso ocorreu por meio de uma dinâmica "pontual", até então, sem exemplos – não considerando os raros vestígios em Webern, que no entanto estão ligados muito mais à clareza da serenidade do que a um propósito própria e especificamente acústico. Uma grande velocidade de renovação dos valores dinâmicos frustrou a "coesão" dos gestos, pela qual sempre se compreendera a dinâmica; quebrou a sua aparente conexão e facilitou a impressão de uma inaudita pulverização da continuidade. O ouvido estava tão acostumado a ouvir valores dinâmicos lineares e não-pontuais, que justamente isso se transformou num dos aspectos mais incomuns da experiência. Apresentando uma comparação certamente banal, mas explícita, tínhamos, em vez de uma fonte de luz que, apesar de algumas oscilações mais ou menos bruscas, permanece relativamente constante, tínhamos de lidar com um bruxulear bastante irregular onde as luzes cintilavam e se apagavam sem nos dar – mesmo por instantes – a impressão de uma fonte de luz determinável com exatidão. Este novo uso da dinâmica, liberto de qualquer gesto, organizado de modo puramente acústico, não segundo relações internas, mas de acordo com o paralelismo estrutural com as alturas e durações, levou o ouvido – falando elipticamente – a "pestanejar"... E do mesmo modo que o tempo e a duração se influenciaram mutuamente, a dinâmica e as mudanças de ataque se associaram numa dialética que dissolveu completamente a percepção costumeira.

Assim, todos os elementos se uniam numa espécie de situação em suspenso; a própria forma não era orientada para qualquer finalidade e eu a descrevo melhor como um recorte de possibilidades em meio a uma infinidade de outras combinações imagináveis. O mecanismo muito preciso, que desta maneira continua entregue a si mesmo, tornou verossímil o que devia ser *provado*.

Não faltaram pessoas dizendo que eu, com a ajuda deste princípio, poderia ter desenvolvido uma música de permutações praticamente ilimitadas. Está claro agora que, com base nestes dados, são possíveis bilhões de combinações; do mesmo modo está claro também que não as escrevi! De maneira nenhuma por falta de paciência ou de tempo; muitas calculadoras eletrônicas poderiam ter-me ajudado a chegar de algum modo ao objetivo. Mas, como indicava o título previsto e depois mudado, preferi permanecer "no limite da terra fértil"; como limite para as miríades do estéril considerei suficientes três minutos (o que não quer dizer que três minutos significam para mim o limiar da eternidade!). Por outro lado, eu não empreendera esta tentativa apenas pelo simples atrativo de chegar a situações desconhecidas. Não pretendera, de modo algum, pôr em dúvida a importância da imaginação e nem pensara tampouco em desconfiar, especialmente na minha imaginação, que ela estivesse carregada demais com o tradicional e, por isso, fosse incapaz de reagir aos micróbios da tradição contra os quais o permanente contato com uma cultura cheia de "germes" nos imuniza bem ou mal (um *bouillon de culture*, um caldo de cultura, o que também se pode chamar solo nutriz para bactérias de cultura pura – se deixarem passar o horrível trocadilho). Então, ainda não era meu propósito criar situações imprevistas e imprevisíveis. Seja como for, um efeito de perplexidade tão barato tem para mim um prazer bastante insípido; e a criação de "mecanismos de desconhecimento" requer que se tenha colocado como ponto de partida o desconhecido, portanto não ansia pelo encanto assombrado de uma auto-reflexão ingênua, mas requer uma mistura altamente explosiva de negação e controle. Chega-se a isso mais tarde, quando os elementos da linguagem tiverem passado por um fogo depurador e quando se trata de atingir um aspecto mais elevado daquela dúvida cujos estágios iniciais descrevemos aqui. No momento volto à tentativa do primeiro livro das *Structures pour deux pianos* e suas conseqüências imediatas.

Ao completar a primeira parte, a "exposição", no sentido dos primeiros compassos do op. 24 de Webern (no que se refere ao caráter absoluto e à inevitabilidade das combinações ali "expostas"), vi-me em condições de tirar determinadas conclusões, imediatamente úteis; outras conseqüências não menos importantes se evidenciaram mais tarde. Entre as primeiras conclusões, examinei exatamente a situação em suspenso em que se encontrava o material empregado, o estado de diluição quase total que haviam adotado as figuras, frases, evoluções, a forma, trituradas como eram pelo conceito de série generalizada. Então tracei imediatamente o plano de reconstruir deste nada todas as qualidades de morfologia, sintaxe e retórica, necessárias para a realização de uma "linguagem" orgânica; a vantagem do meu plano estava no fato de que estas qualidades deviam ser reconquistadas *segundo* uma experiência fundamental e de que elas haviam mudado irrevogavelmente mediante esta experiência. Em vez de continuar atado a uma disposição sempre igual de deixar os sinais do som "piscarem" continuamente, estabeleci arbitrariamente uma *direção*: criei zonas de precedência, mormente no campo da duração, mas também nos ataques e na dinâmica. Estas características primeiramente provocaram *correntes*, para as quais confluía a matéria sonora ainda indiferenciada, *segundo um* aspecto determinado de fora. Começou, assim, a gênese da linguagem com a fase elementar de um reagrupamento dirigido, embora atuando num material praticamente amorfo. Expus isso na terceira parte, que ainda se acha bem próxima da primeira, mas se diferencia basicamente dela graças a uma individualização situada no estágio primeiro.

Este processo prosseguiu amplamente na segunda parte, onde todos os elementos da linguagem tinham de ser construídos praticamente de novo. Construí figuras com a interferência dos valores de ataques e duração; já que numa única duração estava contido um certo número de sons, eu tinha, necessariamente, de dividir esta duração pelo número dos sons escolhidos, pelo que – a princípio apenas mecanicamente – introduzi de novo no tempo uma divisão da duração, pela qual se pudesse medir novamente o tempo. A dinâmica foi considerada a envoltória de toda figura, até mesmo de um grupo de figuras, e não permanentemente o sinal individual de um som; estava ligada mais às estruturas gerais do que aos fenômenos individuais. Isso permitiu a formação de frases, nas quais, por meio de características comuns, certas figuras se ligavam a outras; assim, estas qualidades comuns foram definidas ou como parte do conjunto global de características, ou como redução deste conjunto a um número limitado de parâmetros *fixados*. Na elaboração das diretrizes, segundo as quais deveria desenvolver-se o material sonoro, a vontade do compositor se manifestava de forma cada vez mais expressa: ele deu ao material sonoro uma direção, um sentido, senão novamente um significado. Partindo destas figuras, que eram incorporadas às frases, podia-se passar ao estágio do desenvolvimento, ou seja, não se organizava o aparecimento, o desaparecimento ou o reaparecimento de elementos totalmente fixados, mas estruturavam-se tais fenômenos com base em *constituintes* que se produziam por si próprios.

Creio que, assim, foi realizada uma descoberta que adquiriu grande importância para a instituição de um novo sentido formal: o pensamento musical não devia mais pretender transformar realidades, despi-las assim dos seus aspectos originais e depois reproduzi-las na sua forma original (o dualismo de duas individualidades de pensamento, que fora tão importante para o Romantismo e depois se degenerara em convenção sem forças, havia perdido toda a sua razão de ser); o pensamento musical deveria, doravante, atuar nas entidades que no início da obra ainda não haviam adquirido *qualquer forma*, e assim revelar em seu decurso os diversos aspectos do possível – aspectos que evidentemente se achavam decididos no começo, mas não eram formulados abertamente. Portanto, a existência da obra deveria descobrir primeiro a essência das suas estruturas internas, ao contrário das anteriores, onde a essência preexistente das estruturas musicais havia causado a existência da obra, que constituía o caso isolado de um fenômeno geral. Deve-se esclarecer o que significava esta inversão do processo de pensamento a partir do qual seriam reexaminados totalmente inúmeros conceitos gerais, sobretudo o da forma: doravante, nenhum esquema podia existir antes da própria obra, pois o esquema levava forçosamente a um mal-entendido entre o tratamento dos elementos básicos da linguagem e a organização superior que deveria manter aos seus cuidados estes elementos e lhes dar um sentido. Era absolutamente necessário que cada obra – partindo das possibilidades virtuais da sua morfologia – criasse a própria forma a fim de que fosse garantida a unidade em todos os níveis da linguagem. Assim, fomos exortados a examinar as idéias estéticas sobre forma e expressão, a refletir de novo sobre o significado do problema musical em si.

Por trás desta decisão voluntária de confiar todas as funções musicais ao automatismo da linguagem, estava não só a dúvida quanto à validade da situação atual da linguagem, porém talvez mais ainda uma dúvida mais profunda quanto à necessidade de um projeto musical em geral, mesmo que não se tenha plena consciência disso. Assim, depois que eu havia decidido questionar abertamente o vocabulário até às suas raízes, resultou que me dei conta da urgência de escrever. Naturalmente, este questionamento causa embaraços ainda maiores, e assim não se pode apresentá-lo diretamente, sem ser de algum modo desonesto; somos tentados mil vezes a nos desviar da verdade, e verossimilmente a resposta chega a ser mais ou menos uma ilusão. Assim, teve-se de buscar uma saída e encontrar um terreno pelo qual fosse impossível passar com astúcia ou trapaça. Ao que parece, o compositor, ao gastar quase todas as suas energias em abandonar a tentação temporária, chega definitivamente a qualificar como válidos estes ou aqueles aspectos e complicações do projeto musical ou a repudiá-los: uma experiência do "vazio" à qual voltarei mais tarde. Para o momento, gostaria de insistir nas conseqüências mais imediatas e mais limitadas, coordenar a experiência e fazer um balanço. Foi positivo o balanço? Penso que sim, apesar dos aspectos estéreis que afloraram primeiro e cuja esterilidade externa é um fato para aqueles que não se contentam com a reflexão e se inclinam menos à crítica do que à difamação...

Decerto, esta "crise" pode talvez ter causado enjôo, pois o rigor muitas vezes se tornou importuno para aquele que perdeu aqui a sua imparcialidade, ou – fazendo pouco caso das conseqüências que

81

eram absolutas demais segundo a sua essência – experimentou súbitos reveses; mas o que fazer? O problema nada tinha a ver com humanitarismo. Sorriu-se – por vezes de forma azeda – destas asceses e verificou-se que seus resultados, a rigor, mesmo assim ficaram um pouco "ascéticos"... Provavelmente fui o primeiro a apontar a inutilidade de uma experiência que era dirigida tão-somente para metas por assim dizer mecânicas; considerei estéril continuá-la no sentido dos seus gestos automáticos, o que no entanto não significava nem de longe rejeitá-la, como às vezes se acreditou, e apenas julgá-la inútil e absurda. Mas já por causa daquilo que a aventura nos ensinou, a ousadia não foi em vão! Além deste nível rigorosamente didático, a experiência nos capacitou a descobrir as motivações mais ou menos honrosas dos rotuladores de um liberalismo vago e a rejeitar as soluções puramente pragmáticas, porque elas não levam a nada e não é possível distinguir-se com isso... Como eu já disse, tendo em vista a idéia fundamental da obra, tendo em vista mesmo as intenções do compositor, ela nos abriu novos horizontes. Depois de havermos considerado de tão perto o elementar, ainda era quase impossível embalar-nos em ilusões sobre os meios tradicionais da linguagem e o conformismo que, com base numa virtude que se chama instinto, mas que de fato é apenas uma máquina de lembranças, permite que os eventos aconteçam. Entender e ouvir música devia sofrer uma mudança metódica e duradoura, pela qual não passava nenhum caminho. Residiam aqui as conseqüências mais radicais, embora relativamente indiretas; antes, todavia, era importante tirar conclusões imediatas para a própria técnica fraseológica, uma tarefa que se nos pareceu mais urgente ainda.

Está em pleno andamento uma total atividade de exploração, guiada ora pela razão, ora pela inspiração; às vezes um problema especial reclamava nossa energia, outras vezes tínhamos de proceder a uma reorganização das descobertas. De qualquer modo era necessário ir em frente e não se deixar tolher pela solidez dos resultados, que na verdade já haviam convencido mas ainda não eram suficientes, nem de longe, para um contexto mais geral. Em suma, devia-se continuar duvidando...

Se, por um instante, ainda volto a invadir o mundo dos números e viajar pelo campo do mero jogo estrutural, é porque se faz necessário pagar uma última hipoteca, resolver uma última contradição, dissolver uma última objeção falsa. De fato, adverti contra a obsessão pelo número, contra o fetichismo da contabilidade, os perigos do catálogo que aparece no lugar da imaginação. Indiquei também a armadilha de certa "filosofia" que tomou o lugar de uma experiência musical verdadeira, chamei a atenção para os riscos que se corriam quando se confiava à estética a solução dos problemas da linguagem. E não retiro estas minhas advertências. Todavia, em conseqüência disso, irão me contrapor o meu próprio comportamento, em que a dúvida, como eu a havia explicado, se apóia justamente, como último refúgio, no poder dos números e numa espécie quase "mística" de experiência com o "vazio"! Por trás da minha "descrença" nos números e em seu nimbo encontra-se desgosto, decepção ou desmentido? Trata-se de um retrocesso, um retorno ou recuo, uma "marcha à ré", quando nutro uma desconfiança invencível contra posições filosóficas que se referem expressamente a um estado original do vazio? Não, posso assegurar que não há o menor desejo em mim de negar minha atitude; entretanto, se considerarem demasiado superficiais os meus pontos de vista, receio que irão ler nos meus pensamentos exatamente o contrário daquilo que de fato tenho em mente. Não rejeito o emprego dos números nem – para ser mais exato – relações numerais, nem os estados de vazio; sou contra o seu emprego superficial e inconseqüente. Num certo sentido, os números são apenas uma "gota da noite", e o "estado de vazio", se quiser ter sentido, deve ser realçado e transformado num ato positivo. Assim, meu protesto é dirigido contra as experiências que não foram desenvolvidas até o fim e por isso trazem em seu bojo pontos de vista parcialmente, ou mesmo totalmente errados (se são totalmente ou parcialmente falsos, depende da correção natural que o instinto empreende...); estes pontos de vista, a princípio, seduzem por sua seriedade ou por sua ingenuidade, mas, no seu confronto com o fato musical, logo revelam o seu curso vazio, suas fraquezas, suas incoerências, seus sofismas e outros danos. É a falta de rigor que me leva a desconfiar da aparência externa, mesmo quando ela põe a capa de uma lógica ainda tão sólida; por trás desta falta de rigor está a esterilidade, uma prova de imaginação no estado de mal-estar, não de inquietação!

O que é a inquietação senão uma vigilância estrita, auto-imposta e a constante recusa a se deixar apanhar na própria armadilha? Pois eu poderia talvez dizer – e como isso aliviaria às vezes – que a experiência da dúvida deveria ser feita uma única vez com toda a profundidade e que esta revelação seria suficiente para dar rumo e sentido a toda evolução ulterior. Acredita-se realmente escapar disso sem grande prejuízo? Pode-se fazer crer que só existe um único encontro, e depois seria o fim do autoconhecimento – parafraseando Artaud?

84

Gostaria de completar estas observações e colocá-las numa base de generalidade absoluta, de maneira que falo da dúvida constante como condição fundamental para o desenvolvimento do pensamento musical e da contínua experiência do vazio transformado em positivo – aproveitei aqui palavras de Pierre Suvtchínski. Todo músico que pensa em "auto-renovação" sabe disso e realiza de modo prático esta experiência contínua, mesmo que nunca a mencione. Todo músico que venceu uma fase importante sente a necessidade de queimar, por assim dizer, os resíduos do seu trabalho; com isso ele se experimenta a si mesmo e verifica se suas capacidades permaneceram intatas; trata-se de um procedimento quase rústico que não tem a mínima coisa a ver com a Fênix! Ele queima uma parte de si mesmo para aumentar o seu humo e lhe proporcionar forças para nova fecundidade. Um procedimento salutar e produtivo!

Todavia, isso não acontece sem riscos, e temos exemplos de "renovações" que nada mais eram que abnegação e automutilação. Neste contexto, o complexo de Bóris – se assim posso dizer – não deveria representar qualquer papel; refiro-me aqui à obsessão pela ilusão de príncipes herdeiros, que nos leva a desconhecer-nos a nós próprios e nos impele a um círculo de rejuvenescimentos que são tudo menos fáusticos. Adoecer e por autopunição cair num impasse de situações insolúveis não deve tampouco ser tema de discussão. A "queima do navio" pode incitar à luta, porque isso nos obriga, sem possibilidade de refúgio, ao único destino que ainda continua possível; mas existem aqui muitas chances de sermos levados a uma derrota sem clemência. A gabarolice, nascida do medo ou produzida pela fraqueza, é a razão básica da maioria daqueles empreendimentos em que a dúvida tem a grande desvantagem de ser uma força puramente irracional de cuja dominação não há o menor sinal.

Como é, pois, uma dúvida produtiva? Não se oculta, naquilo que lhes proponho, um certo grau de esquizofrenia? Como podemos imaginar esta situação impossível: realizar algo e ao mesmo tempo duvidar desta realização? Não é fundamentalmente incompatível, e não estou eu mesmo tomando o melhor caminho, o do absurdo, que tão sem pensar repreendo nos outros? Bem – posso admitir a esquizofrenia, mas nunca o absurdo! A autodivisão é um fenômeno que num observador frio, segundo todas as previsões, desperta apenas incredulidade. Parece-lhe totalmente impossível acreditar em alguém e duvidar desse alguém: os dois conceitos lhe parecem tão absolutamente contrários que ele não pode imaginar como poderiam fundir-se num processo de criação. Entretanto – não é este o núcleo do problema estético? Compromisso com a obra e distanciamento dela se complementam mutuamente, e isso requer às vezes uma espécie de humor mais elevado... (que é mais exigente do que o simples humor de entretenimento, aliás bastante mal usado!). Contudo, deve-se ter cuidado com o já famoso "sorriso com lágrimas", este clichê deploravelmente sentimental que deve satisfazer Deus sabe que instintos banais e perversos! Coisas assim não compreendo de modo nenhum!

Como já observei anteriormente, o compositor, no início da sua aventura pessoal, aspira, qual "reator", a energia potencial que ele descobre naqueles predecessores que estão ligados ao seu ambiente através daquele poder mágico chamado tradição. Mas pode tratar-se apenas de uma espécie de ignição que se consome na queima da própria energia. Doravante ele tem de seguir um caminho mais pre-

86

tensioso: deve aprender a confiar no vazio, deve aprender que esta é a condição básica para o seu desenvolvimento. Este vazio, que ele produziu um dia, quando enfrentou cara a cara a tradição, ele deve voltar a produzir sempre com referência à *sua* tradição pessoal, a fim de que o seu *poder de invenção* lhe permaneça fiel. Em todas as relações entre o compositor e sua expressão musical, a dúvida deve ser mantida de modo razoável; a ela estão subordinados tanto os elementos estritamente gramaticais quanto o sopro poético ao qual se dá demasiada importância, considerando os inúmeros escrúpulos que medram aqui: por exemplo, sinceridade, naturalidade, humanismo, verdade imponderável – o vocabulário predileto daqueles artistas, que Baudelaire, não sem um escárnio amargo e cruel, chamou de "crianças mimadas". Distante do esconde-esconde, da vaidade, do medo atávico, e da arrogância, do escárnio e da ambigüidade, considero imprescindível levar a cabo esta experiência constantemente renovada do vazio transformado em elemento positivo; somente esta experiência pode nos poupar de erros desnecessários, proteger-nos de armadilhas bem tramadas e, finalmente, obrigar-nos a uma decisão orientada. Para que essa crueldade contra si mesmo? ouço alguém perguntar. Mas isso pode parecer "cruel" apenas aos olhos daqueles que, através de um vago pragmatismo liberal com base no *laissez-faire*, se deixam levar mais seguramente à ruína. Nada destrói mais o talento do que o desleixo com ele; eu estaria quase tentado a dizer menosprezo... Somente a manutenção constante da exigência demonstra respeito para com o talento natural e proporciona ao seu desdobramento a força motriz necessária. Ao meu ver, não há nada pior que o "maravilhoso" que se transformou em hábito. E o que é mais "maravi-

lhoso" do que o talento? Poderia eu algum dia pen
sar em menosprezá-lo, quando o carrego com coisa
que estão abaixo do seu nível? O que lhe dá a possi
bilidade do seu aperfeiçoamento senão uma alt
exigência? Está em jogo sua própria existência, par
não falar das suas capacidades! O talento não é des-
truído pela experiência do vazio, mas tira dela capacidades renovadas, um poder de invenção reativado.

Entretanto, é como se, no centro das minhas
exigências, existisse uma contradição, pois muitas vezes me queixei da dúvida razoável e rejeitei com ênfase um certo tipo de reação meramente apaixonada,
a qual censurei pela falta de conseqüências. Além
disso, rejeitei o autodidata por circunstâncias ocasionais e deixei o campo todo para o autodidata por
livre escolha. Assim, à atividade do compositor in-
corporei uma racionalidade que, por sua essência, se
baseia numa vontade decidida e eliminei praticamente a raiz afetiva da sua decisão. Mas não é essa
uma análise incompleta, e não se deve levar em conta este elemento, digamos, "apaixonado"? Respon-
dendo a isso, poder-se-ia dizer que a dúvida não fun-
ciona como uma instância fria de controle e revisão
(consideramo-la então opressiva ou agradável), mas,
ao contrário, como uma espécie de ato demente, no
qual o exorcismo parece desempenhar um papel
mais importante do que o mero questionamento.
Não existe uma paixão exagerada, senão muito suspeita de querer submeter tudo a uma "revisão" e
perder-se no abismo? E, finalmente, como podemos
harmonizar a fria lucidez com o impulso impetuoso?
Também aqui não se encontram de novo vestígios de
esquizofrenia? Uma espécie de fanatismo aparentemente posto no gelo, inofensivo, mas extremamente
funesto nos seus resultados? (Neste ponto muito
ajudam os exemplos tirados da história, ou seja, o

sempre citado em tais casos Robespierre, de braços dados com Savonarola e outros grandes homens neste campo...) Trata-se, por certo, de uma decisão na qual a vontade não ocupa lugar desprezível; mas, se não falei diretamente das fontes de decisão, é apenas porque eu antes já havia falado da responsabilidade perante a história, que é tanto um ato de "paixão" quanto de "reflexão"; estou convencido de que – do ponto de vista de uma racionalidade aguçada e certamente também estimulada pela paixão – não existe a menor diferença entre a responsabilidade diante de si mesmo e a responsabilidade perante a história. Não chega a haver aqui a mínima incompatibilidade; ao contrário, o concurso de ambas as forças para um único objetivo exige, na prática, a igualdade de direitos. Deveria então o compositor ser forçosamente um Jano, com uma cabeça para o cérebro e outra para o coração? Comparação mostruosa! Não devemos separar assim as cabeças, nem mesmo para uni-las num busto de duas caras. No que me diz respeito, não posso separar este aspecto duplo de mim mesmo: não sentimos da mesma maneira o desejo na racionalidade e a racionalidade no desejo? Não é a personalidade atraída mutuamente pelos dois polos? Rejeito a mera paixão, porque ela é incapaz de organizar as suas reações; seriam condenadas a permanecerem num estado altamente elementar e inútil. Nada de seguro e duradouro pode basear-se na paixão; subjetividade demais prejudica, e você é obrigado a clamar por libertação, porém, mesmo que seus gritos sejam tão desesperados, eles não comovem ninguém senão a você mesmo. (Aos seus olhos isso pode ser suficiente, mas outros julgam-no de modo totalmente diferente!) Você quer se colocar no centro de uma situação altamente dramática, mas não a domina. Decerto, você pode contestar isso com

89

humor ou com violência – as duas coisas serão avaliadas de modo diferente, conforme você se dirija a pessoas com senso de humor ou a pessoas violentas –, o resultado é, de uma maneira ou de outra, igual: miserável até o nada... sem falar dos carregamentos de madeira que você leva para a floresta. Desagradável tudo isso, e não é de jeito nenhum para rir! Uma ilusão mesquinha! Refúgio de todos os autodidatas por circunstâncias ocasionais; olhe-os: eles encontraram a sua existência mascarada!...

Mas que tal a razão pura? Rejeito-a igualmente: ela é o refúgio daqueles que nunca serão autodidatas por livre escolha! Aqui com certeza não há mais gritaria, tampouco humor. Estudamos, ou melhor: entregamo-nos a um saber sem nos dar ao trabalho de refletir maduramente; preferimos esquematizar, porque o esquema vale tanto quanto o mais alto modelo de perfeição. O que permanece num procedimento tão padronizado? Nada, senão uma poeira analítica, uma substância totalmente infrutífera. No início, as suas decisões eram guiadas provavelmente por uma reflexão dotada de um sopro de vida, mas a sua vitalidade volatilizou-se no curso do estudo; restou um ponto de vista meramente "mecânico" frente a um material que tem pretensões mais elevadas. Do seu esforço desapareceu todo espírito crítico; você se dá por satisfeito se apenas a lógica – mesmo que seja às vezes superficial – ordena análises e pensamentos, e qualquer outra questão lhe parece supérflua, quando não totalmente descabida. O respeito, ou mesmo o medo diante de um exemplo-padrão lhe parece justificado no instante em que a segurança de uma reflexão – ou de um sofisma – o envolve e o protege contra escorregadelas ou fraquezas às quais você não sente qualquer vontade de se expor. A máscara também aqui; não menos penosa e de maneira nenhuma mais divertida: talvez mais desajeitada e destituída de toda magia, de qualquer surpresa...

Garanta-se à direita, garanta-se à esquerda! O que sobra então? O meio-termo insípido? Para ele tudo não passa de um exagero? Aos olhos dele o maior bem é a medida que consegue preservar você de todos os riscos, nos quais seria imprudente e inútil se meter? Esta mediocridade que de modo algum se fecha a ousadias, desde que sejam gentis? Um lindo futuro dos compromissos incertos você nos propõe! Mas dessa maneira é que se vê a situação em geral: estática; de um lado, os excessos irrefletidos, do outro a prudência refletida demais; como fiel da balança, a audácia bem temperada. Esta visão convencional aninhou-se de tal maneira na maioria das mentes (e infelizmente não apenas no campo da música), que impregnou as próprias ações e julgamentos daqueles que desejam ser especialmente independentes, especialmente livres diante do "estado das coisas". Mencionei antes os dois polos em torno dos quais poderia circular o nosso intelecto: o desejo na racionalidade e a racionalidade no desejo. A invenção, a descoberta, a decisão: elas todas precisam desta colocação dinâmica para se confirmarem, se realizarem; somente o movimento pode garantir o equilíbrio, se se considerar a estreita base da qual depende o ato de criação. Ocorre o mesmo com a dúvida: se tiver raízes afetivas inegáveis e se basear na racionalidade, então o movimento lhe dá um sentido, sem o qual ela cai nos diversos riscos que enumerei. É preciso que se tenha tomado realmente a decisão afetiva e se tenha submetido a um controle para que a sua melhor parte não caia em mera vaidade; ela deve ser analisada para que os seus motivos não continuem obscuros, para que suas con-

91

seqüências possam ser eficazmente sentidas; deve passar pela prova da "ducha fria", tem de ser temperada, pois, na maioria dos casos, o mero entusiasmo leva à incoerência, não importando se por cegueira ou por desilusão; finalmente, a escolha afetiva deve ser *autenticada*, a fim de alcançar sua plena legitimidade e mais ainda o seu poder real: pois a mais importante razão para fixar-se na decisão é que ela seja produtiva. Por outro lado, a racionalidade não deve ser nenhum escalpelo da pesquisa, nenhum instrumento de trabalho, nenhum objeto morto e independente da nossa personalidade; ela é uma força viva, uma parte de nós, tão indissoluvelmente ligada à nossa atividade, que reflete as suas oscilações afetivas; por certo, ela não "conduz" estas flutuações numa única direção, mas "corrige-as" no instante em que recebe delas o impulso necessário para tanto (o processo todo é quase igual a um mecanismo de auto-regulagem, no qual a correção depende do impulso e assim apresenta o melhor "aproveitamento").

A ação recíproca entre racionalidade e afetividade se baseia, ao meu ver, num movimento ininterrupto e não numa separação entre categorias de pensamento numa hierarquia estática e entorpecida, onde a primazia e a supremacia tenham uma importância decisiva. Reina, portanto, uma dialética elástica do pensamento e, em especial, da dúvida, que nos protege das explosões inúteis, da ruína prematura, da atrofia funesta ou do esgotamento catastrófico do combustível... Ela dá ao nosso espírito e à nossa sensibilidade a velocidade apropriada, dependendo das zonas que somos exortados a atravessar – sejam elas extremamente tempestuosas ou totalmente calmas. Creio que qualquer outra forma de estrutura do pensamento está de algum modo doentia, pois o organismo tende – ao evitar esta regulagem – a destruir-se pelo fogo ou pela água, ou seja: através da queima insensata e improdutiva da energia de que dispõe, ou através da subida das águas mortas nas quais se afogam os seus reflexos elementares. (Será que o declínio do talento, que se podia observar em certos gênios, não tem exatamente estas causas e estes resultados?) A auto-regulagem – desde que ocorra de maneira satisfatória – derruba muitas objeções, e muitas questões mais ou menos capciosas perdem a sua razão de ser; destas objeções e questões, como um pórtico, por assim dizer, da nossa pesquisa sobre a dúvida, já oferecemos um resumo. Não, nem Heróstrato, nem Ícaro, nem Lúcifer, nem Fausto! Nem prazer em ruínas, nem fascinação pelo nada, nem orgulho da destruição, nem desejo da catástrofe, nem o tambor marcial para a solução final! Nenhum mito, nenhuma auto-sugestão, nenhuma Fata morgana coletiva, nenhuma máscara, nenhuma gesticulação, nenhuma mentira, nenhum desvio! Nada de impotência, de terrorismo, de misericórdia imerecida, de inconsciência, de razões aparentes, nada de sedução ao rigor, nada de dissimulação involuntária, de masoquismo da dificuldade, de mania de grandeza, de farisaísmo, de constante insegurança, nada de sacrifício a gigantes e de oferendas de gigantes, nada de autodepreciação, de desconhecimento do outro, de ingenuidade calculada, de perfídia, petulância, pose, de ambição desmedida! Nenhuma anticonvenção, mesmo que a convenção seja esvaziada do seu sentido; nenhum rigor demasiado, pois o rigor é agravado por hipócritas asceses fictícias. Não, três vezes não a este carrossel de ilusões!

FORMA

Numa passagem que já citei em outro local, Lévi-Strauss escreve: "Forma e conteúdo são da mesma natureza, apreensíveis pela mesma análise. O conteúdo recebe da sua estrutura a sua realidade, e aquilo que chamamos *forma* é a 'estruturação' de estruturas locais de que se constitui o conteúdo".

A história nos oferece um rico material para documentar esta assertiva: a forma musical variou na medida exata em que variaram as "estruturas locais". Posso apenas verificar, mais uma vez, que o sistema serial acarretou obrigatoriamente a pesquisa de novas formas que fossem capazes de "estruturar" aquelas novas "estruturas locais" engendradas pelo princípio serial. No universo *relativo* em que se mo-

95

vimenta o pensamento serial, não se poderia pensar em formas fixas, não-relativas. Temos visto que o engendramento das redes de possibilidades propostas ao trabalho do "operador" – retomando esse termo significativo de Mallarmé – tendia cada vez mais a obter, desde o início, um material em constante evolução. As séries de densidade variável, entre outras coisas, são um exemplo dos mais típicos, do ponto de vista vertical, desta mobilidade buscada desde o início. Somente partindo de tais séries, pode-se trabalhar no sentido de encadeamentos sonoros em constante evolução; a esta morfologia corresponde igualmente uma sintaxe não-fixada. Outrora, ao contrário, tinha-se de lidar com um universo totalmente definido por leis gerais, preexistentes a toda obra; seguia-se daí que todas as relações "abstratas" ligadas à idéia de forma podiam ser definidas *a priori* e, por conseguinte, podiam engendrar um certo número de esquemas, de arquétipos preexistentes a toda obra real. Escrever uma obra significava sujeitar-se a um esquema preciso. A evolução do vocabulário, da morfologia esvaziou pouco a pouco estes esquemas de toda realidade, entrando seu poder ordenador em contradição com o material que deviam ordenar. Toda esta construção de esquemas teve, afinal, que ceder diante da concepção de uma forma renovável a cada instante. Cada obra teve de engendrar a sua própria forma, ligada inelutável e irreversivelmente ao seu "conteúdo".

Tornou-se muito difícil falar da forma em geral, porque o seu estudo não pode separar-se do estudo dos aspectos particulares que ela reveste em cada obra; no máximo, pode-se extrair alguns princípios gerais de organização.

Primeiramente, há duas espécies de *estruturas locais*: chamemo-las de estrutura estática e estrutura dinâmica (correspondendo *grosso modo* àquilo que chamamos tempo amorfo e tempo estriado). Em que uma estrutura pode ser estática? No fato de apresentar, em sua evolução – falando estatisticamente –, a mesma qualidade e quantidade de eventos. Esta *estaticidade* é totalmente independente do *número* de eventos com densidade constante; a estrutura estática pode, de um lado, comportar uma ampla escala de todos os valores, ou, ao contrário, utilizar uma escala apenas restrita; ela pode basear-se numa seletividade exagerada, mas constante ou, ao contrário, numa ausência total de seletividade; o importante é apenas que estes critérios permaneçam mais ou menos constantes.

A estrutura *dinâmica*, ao contrário, apresenta uma evolução, suficientemente grande para ser perceptível, na densidade e na qualidade dos eventos que aí se desenrolam. Este *dinamismo* é – como a *estaticidade* – totalmente independente da freqüência, do número dos eventos; a estrutura dinâmica apóia-se numa seletividade mais ou menos exagerada, mas em evolução, significando que os critérios desta seletividade são mutáveis.

Gostaria de me explicar mais detalhadamente sobre os critérios positivos e negativos. Para operar uma escolha no universo indeterminado e amorfo do início, é indispensável ter uma capacidade tanto de escolha quanto de recusa; a recusa é tão importante quanto a escolha. Posso, por exemplo, escolher um conjunto determinado de séries de sons para a ação positiva de escrever sinais dispostos no espaço sonoro: escolha positiva; ao mesmo tempo posso recusar-me servir de uma certa porção de registro sonoro: escolha negativa. Bem entendido, considero complementares os critérios positivos e negativos, escolha e recusa; pois pode-se dizer tão bem que eu, quando recuso me servir de uma determinada porção de registro sonoro, estou optando pelo registro total menos a porção recusada. Existe, entretanto, uma psicologia da composição que não se pode desprezar quando se fala de recusa ou de escolha, existe ainda uma psicologia da audição. Um exemplo? Na audição, nota-se, dentro de uma evolução, a falta de uma determinada porção de registro, e não se percebe o fenômeno de um "registro total menos a porção recusada"; a tal ponto que, depois da supressão dessa recusa, sente-se que o emprego dessa porção de registro é uma ação *positiva*, porque ante ela literalmente estava *faltando*.

As estruturas locais estática e dinâmica definem-se então como segue:

estática	1. critérios constantes de escolha (jogando com o automatismo restrito das relações)	2. ausência de critérios de escolha (tendência ao automatismo total das relações)	*Qualidade*

dinâmica:	critérios variáveis de escolha (até a total exclusão do automatismo das relações)

o que engendra, dependendo do caso:

estático:	densidade fixa dos eventos:	simples → complexa	*Quantidade*
dinâmico:	densidade móvel dos eventos	simples → complexa	

Temos, assim, um quadro completo daquilo que se pode chamar a caracterologia de uma estrutura local. Quero, todavia, assinalar que considerei aqui apenas as situações extremas, pois a progressão natural estática → dinâmica está de qualquer maneira compreendida nesta descrição.

Deparamo-nos aqui com dois fenômenos muito distintos: a qualidade dos eventos de uma estrutura e a quantidade desses eventos. É essencial manter separados estes dois elementos para evitar os mal-entendidos que emanam da confusão tão freqüente entre eles.

Além disso, para cada componente do evento sonoro, não só de um ponto de vista morfológico, mas também de um ponto de vista sintático, valem os seguintes critérios de escolha:

É portanto a partir dos critérios de escolha que se estabelece a dialética de sucessão ou de encadeamento das estruturas locais, sendo estes critérios de escolha determinantes para a incorporação das estruturas locais à grande estrutura geral, ou *forma*. O conjunto dos critérios de escolha, eu poderia chamar de *formantes* de uma grande estrutura. Sabe-se o que são os formantes acústicos: freqüências privilegiadas, selecionadas, que criam o timbre de uma fundamental enquanto harmônicos em relação a ela. O critério de *densidade* desempenha um papel comparável ao da intensidade de cada uma das freqüências que constitui o formante. Naturalmente, emprego isso apenas como comparação entre uma estrutura concreta e um conjunto de noções abstratas.

Somente os *formantes*, ou seja, o conjunto dos critérios de escolha, são capazes de engendrar, dentro de uma grande estrutura, aqueles pontos ou campos notáveis, que possibilitam a uma forma articular-se; engendram também a fisiologia dos pontos ou campos assim articulados.

Como se chega à avaliação da estrutura geral? E a partir de que base? Antigamente, a percepção de uma forma baseava-se na memória imediata e no "ângulo de audição" *a priori*. Atualmente, a percepção se baseia numa paramemória, se assim posso dizer, e no seu "ângulo de audição" *a posteriori*. Até então, a música ocidental, com sua forte hierarquia preestabelecida para cada obra existente, se empenhara em estabelecer pontos de apoio numa forma dada no início. Naturalmente, podia-se ter surpresas, mas a *grosso modo* a surpresa ocorria em função de certos esquemas formais, conhecidos da maioria. Na avaliação destes esquemas formais, a memória real desempenhava um papel importante; ela se orientava, por exemplo, por temas, figuras totalmente constituídas que se podia facilmente compreender, sobretudo quando estas eram curtas, expressivas e repetidas várias vezes. O papel da repetição, evidentemente, era confirmar de modo tranqüilizador a percepção através da memória. Além disso, com a ajuda destes pontos memorizáveis, o ouvido – comparável aqui ao olho que, diante de uma arquitetura clássica, possui um certo ângulo de visão – dispunha de um "ângulo de audição" que podia ser novamente medido a partir de pontos importantes da experiência de audição. É esta, portanto, a atitude da música ocidental clássica: memória real que se estende a objetos reais; um "ângulo de audição" relacionado com os pontos importantes da estrutura; conhecimento *a priori* dos esquemas formais empregados; uma espécie de fundo musical comum da sociedade.

Em compensação, o que vemos à medida que nos aproximamos do presente? No desejo, entre outras coisas, de manter alerta a sensibilidade, os sinais foram colocados de modo cada vez mais assimétrico, cada vez mais... imperceptível. Pode-se concluir daí que a evolução formal, contrária às referências, deve conduzir a um tempo irreversível, no qual os critérios de forma se estabelecem a partir de redes de possibilidades diferenciadas. Um exemplo: se, a uma dada rede de possibilidades, eu aplicar um certo número de critérios (negativos ou positivos), se posteriormente eu continuar usando a mesma rede, mas agora com critérios que não correspondam exatamente aos primeiros, obterei duas classes de objetos musicais de mesma origem, mas de aspecto diferente. Para reconhecê-los, apelarei ao que elas têm de comum, propriedades que denominarei virtuais, porque não são expressas inequivocamente; será portanto uma "paramemória" que se encarregará de fazer a aproximação entre as duas classes de objetos. De outro lado, como os esquemas formais de hoje não são mais pré-concebidos, mas se forjam gradualmente numa espécie de tempo que se tece, só se pode conhecer a forma se ela for uma vez "traçada" – no sentido da geometria; enquanto durar o tempo da execução, movimentamo-nos através da obra, segundo uma espécie de trança de cordas (que se poderia comparar ao espaço fibrado da teoria dos conjuntos), onde se avaliam mais e mais os pontos de orientação fornecidos pelos critérios formais. Não tenho, portanto, qualquer conhecimento da forma e meu "ângulo de audição" só se estabelece *a posteriori*, uma vez desenvolvida inteiramente a forma. Co-

101

mo se vê, é fundamental a diferença entre os dois tipos de percepção.

De um lado: memória real que se exerce sobre objetos reais;
de outro lado: memória virtual (paramemória) que se exerce sobre classes de objetos.
De um lado: "ângulo de audição", conhecimento *a priori*;
de outro lado: "ângulo de audição", conhecimento *a posteriori.*

É importante, pois, escolher com precisão os *formantes*, ou seja, os critérios determinantes, a fim de dar uma direção, para que por ela se possa guiar a estruturação local que eles supervisionam. Depois de ter dado, dessa maneira, o "registro" a esta estrutura local, dá-se a ela sua "intensidade" pelo estabelecimento da densidade dos eventos. A ordem destas estruturas locais, sua classe, sua densidade necessitam dos critérios seriais de uma dimensão superior que impõem às estruturas locais a lei da sua sucessão, de suas relações diagonais ou de sua simultaneidade. Vê-se que, para determinar a grande forma, em todo o processo de incorporação atua o mesmo *modo de pensar* (eu não disse: os mesmos *modos de aplicação*), certamente remontando da microestrutura morfológica à macroestrutura retórica. Encontramos então esta seqüência: critérios de articulação das estruturas locais dentro da estrutura global → critérios de realização das estruturas locais → critérios de distribuição nas estruturas internas → critérios de engendramento dos elementos destas estruturas internas. A partir deste esquema, *TUDO* é possível dentro de uma lógica formal coerente e tudo é engendrado com conseqüência, desde a forma fechada, totalmente determinada, até a forma aberta, inteiramente indeterminada.

O esforço desta organização global incide, essencialmente, neste ponto: que, para engendrar uma grande forma, – qualquer que seja o seu estado – não tenho necessidade de nenhum *acidente* exterior a ela própria, pelo qual ela não seria, nem de longe, responsável. Para mim, o *acidental* encontra-se no final de uma dedução lógica e coerente; não parto do acidental para organizá-lo com base em argumentações aparentemente justas, mas fundamentalmente sem qualquer relação com ele – a não ser que eu use referências artificiais de números (artificialidade que resulta das propriedades ambíguas dos números).

Tomemos um exemplo contrário: se eu deixar todos os níveis organizacionais entregues à atuação do puro acaso, não obtenho uma forma, obtenho uma simples amostragem de estruturas locais, com *permutações amorfas*, podendo ou não estas estruturas locais estar à altura das funções de transformação (ou critérios determinantes) decididas pelo acaso. Se se quisesse prever este caso-limite, dever-se-ia escrever estruturas locais que – depois de um controle – fossem capazes de se encadear umas às outras sem erro de sintaxe ou de morfologia; além disso, estruturas locais que fossem capazes de suportar *TODAS* as transformações exigidas pelos critérios determinantes. Nunca vi obras que satisfizessem estas condições; muito ao contrário, as estruturas locais – segundo a lei dos grandes números – ora se encadeiam de forma satisfatória, ora violam a sintaxe ou a morfologia; ora são suscetíveis das transformações que os critérios determinantes lhes impõem, ora não o são – e sempre de acordo com a lei dos grandes números. Portanto, o compositor falhou na sua tarefa, pois lhe escapou totalmente a coerência que o universo construiu dessa maneira. Por outro lado, no caso para mim idealmente perfeito, onde TODOS os encadeamentos e TODAS as transformações por critérios determinantes teriam sido controlados (e pressuponho: não apenas um a um, mas também classe por classe, conjunto por conjunto), o compositor não só teria conhecimento de cada estrutura do universo criado por ele, mas também continuaria perfeitamente senhor da coerência deste universo. Imagino que agora ficou clara a diferença de natureza entre os dois métodos.

Considero muito importante a noção de *formante* aplicada a uma estrutura geral; primeiro, porque é a extensão de um princípio orgânico; em seguida, porque tem o mérito de tornar claramente perceptível uma noção tão abstrata quanto a de articulação de uma grande forma, embora não tenha nada em comum com os esquemas clássicos tradicionais ou com os simples conceitos empíricos incapazes de produzir uma síntese. Além disso, acredito que se trata de um conceito suficientemente maleável para estabelecer uma ordem sem coerção; além disso, ele permite todas as oposições entre forma livre (ou móvel) e forma rigorosa (ou fixa), como eu poderia chamá-las, em paralelismo com escrita livre e escrita rigorosa.

No que se refere à execução das formas livres (ou móveis), ela coloca um problema delicado. Acima de um determinado número de executantes, torna-se difícil dar-lhes iniciativas ou responsabilidades, tanto por razões psicológicas quanto técnicas; quanto maior o número de executantes e menor a sua especialização, menor a possibilidade de manter o controle das "operações" exigidas por uma forma aberta. Ao meu ver, tendo em vista certas condições de execução, é oportuno considerar uma forma móvel como uma forma *material*, ou seja, considerá-la como uma partitura possível da qual se pode tirar uma

104

ou mais partituras fixas dentre as múltiplas soluções alternativas que ela oferece. Estou ciente de que isso contradiz o próprio princípio; mas o faz apenas no imediato, porque é preciso que os músicos se acostumem pouco a pouco a este modo de pensar. Na música de câmara, por exemplo, isso não apresenta qualquer dificuldade; por outro lado, no caso de um conjunto maior, sempre se deve calcular a margem possível de erros e, em função dela, condicionar a mobilidade; em outras palavras, incluir a margem de erros na mobilidade, ou, antes, reduzir a mobilidade nesta margem de erros. Assim, o problema não é tão insolúvel quanto parece à primeira vista.

Gostaria ainda de acrescentar que diversos formantes de uma estrutura podem tomar como referência um tempo homogêneo, ou um tempo não-homogêneo; de outro lado, podem ser concebidos simultaneamente, em função direta de sua combinação, ou de todo independentemente da sua distinção, e depois montados – de acordo com suas qualidades notáveis (eu chamaria isso, de certo modo, de trabalho com um material pré-comprimido).

Como se vê, tentei a forma como um conjunto conceitual e não como um gesto (o gesto – se é que preciso dele – encontra o seu lugar dentro deste conjunto). Finalmente, parece-me resolvida a antinomia entre a forma pensada e a forma vivida, pois das deduções concretas sobre as quais se baseia a forma dentro de um sistema coerente e lógico de pensamento, ressalta que ela, para ser pensada, só precisa ser vivida. Não era urgente, nos dias de hoje, a solução desta antinomia?

TEMPO, NOTAÇÃO E CÓDIGO

... daí a idéia de abandonar tanto quanto possível toda representação intuitiva dos objetos da teoria, designar estes objetos por símbolos, e definir os seres estudados unicamente pelas relações que mantêm entre si.

Roger Martin

A este propósito, gostaria de falar da transcrição gráfica. Atualmente, pode ser de duas maneiras:

1. Por um pensamento neumático;
2. Por um pensamento matematicamente determinado de acordo com as coordenadas da geometria plana.

Quer sejam "neumáticas" quer "estruturais", estas duas transcrições se servem do mesmo sistema de coordenadas, definido, de um lado, pela abscissa do tempo, da esquerda para a direita – do tempo inicial para o tempo final – e, de outro, pela ordenada das alturas, de baixo para cima para as freqüências do grave ao agudo. Mesmo que estas coordenadas não sejam totalmente explícitas, são no entanto subjacentes em toda a parte.

A notação "neumática", desenhada, é um retrocesso em relação à notação simbólica, que exprime os sinais sonoros por meio de símbolos convencionais. A notação "neumática" não possui símbolos convencionais cifrados, codificados; ela se contenta com um traçado gráfico, que se relaciona implicitamente com as coordenadas espaço-tempo que já mencionamos.

Ora, a evolução lógica de uma linguagem deve-se apresentar – e historicamente ela se apresenta sempre assim – da maneira seguinte: os conceitos do novo domínio são mais "gerais" e mais "abstratos" do que os que compunham o domínio anterior, ora abandonado. Assim, a evolução lógica da música se apresenta como uma série de "reduções"; os diversos domínios de base formam uma seqüência decrescente onde cada um isoladamente é encaixado no anterior. Mas, dialeticamente, a dados mais "gerais" e mais "abstratos", portanto *reduzidos, limitados* em relação aos anteriores, corresponde de novo um sistema racional mais abrangente que de certo modo engloba o anterior. Por exemplo, a tonalidade está para o modalismo assim como uma forma generalizadora está para uma forma particularizadora. O tonalismo generaliza o conceito de modalismo, ao incorporar nele o princípio da transposição, e ao mesmo tempo o empobrece, pois suprime todas as particularidades propriamente ditas do modo. Com base na transposição generalizada, estas particularidades se transformam de elementos inalienáveis em ele-

108

mentos totalmente alienados. Do mesmo modo, pode-se dizer que – a partir de princípios mais "gerais" e mais "abstratos", como o da permutação entre outros – o conceito de série contém todos os domínios que o precederam: tanto o modalismo quanto o tonalismo. Uma escala pode ser considerada uma série no sentido restrito, mas dotada de propriedades mais fortes, mais particularizadoras do que esta; e os diversos modos podem ser interpretados, na sua seqüência, como um simples caso de permutação circular. Do ponto de vista histórico, a seguinte atitude é essencial: nunca se abandona um domínio intuitivo antes de ter descoberto um método para reproduzir o seu estudo no domínio recém-adotado. Esta série de operações lógico-matemáticas (que chamamos reproduções-reduções) existe em número *limitado*, sua sucessão é *necessária*, o seu resultado *irreversível*. Nunca se retornará, por exemplo, à concepção modal.

Voltando a falar da notação "neumática" ou "desenhada": se eu considerar o seu lugar e a sua necessidade histórica, a notação neumática foi até aqui uma transcrição "ingênua" do fenômeno sonoro cantado, a tal ponto que nos primeiros manuscritos em neumas a sílaba vocalizada formava um todo com a altura indicada ou com o melisma e fundia ambas numa espécie de ideograma. Pouco a pouco, este ideograma evoluiu para uma reprodução da realidade, ao atrair mais e mais as coordenadas que utilizamos ainda hoje: da esquerda para a direita para o tempo de decurso, de baixo para cima para a designação do grave ao agudo.

A passagem para a notação em compassos significou um salto considerável para a frente, porque desse modo se inaugurou um sistema coerente e claro que permitia esclarecer, independentemente da física do papel, se assim posso dizer, a realidade das durações. Este sistema englobava o outro, porque, nesta notação proporcional generalizadora, se podia acomodar qualquer notação neumática particularizadora. No entanto, a recíproca não é verdadeira: uma notação em compassos não pode ser traduzida pela notação neumática, pois esta não passa de um caso particular daquela, ou seja, um caso em que o símbolo formal (o código cifrado) é transcrito para o papel proporcionalmente ao seu valor. Além disso, em lugar de uma multidão de símbolos da notação neumática imprecisos e mutáveis, entra um conjunto de símbolos mais "limitados" e mais "abstratos", racionalmente examinados: a redução se realizava de um modo conveniente. Sabe-se, aliás, que devemos em grande parte esta notação aos tesouros rítmicos da *Ars Nova*. O resultado, como parece hoje? A notação gráfica desenhada não tem nenhum ponto de referência com a notação simbólica, não a engloba; ela recai num estado particularizador, é um retrocesso. Voltar ao ideograma seria um retrocesso ainda pior. A única notação lógica e coerente do futuro será aquela que englobar as anteriores, ou seja, o símbolos atuais, os símbolos neumáticos e os ideogramas. Enquanto não for encontrado este sistema, a notação gráfica só poderá ser um retrocesso, no melhor dos casos uma transcrição literal gráfica de uma situação que também se pode traduzir em símbolos. Transferem-se para o papel valores numéricos, o que se compara à representação gráfica em papel milimetrado.

Além disso, psicofisiologicamente falando, parece que é o olho que deve ajudar o cérebro, e não c cérebro que deve se deixar "comandar" pelo olho. De fato, no que se refere às possibilidades de análise e informação, as estruturas cerebrais superam em muito as estruturas dos nervos ópticos. O cérebro é um poderoso meio de *medida*; o olho, um meio totalmente relativo de *avaliação*. As *medidas* do cérebro incluem as *medidas* do olho, têm um valor de aproximação mais elevado; em contrapartida, as medidas do olho são mais grosseiras, deixam um amplo espaço à incerteza – ou ao erro – (conforme se queira ou não brincar com a precisão). Vê-se, pois, também aqui que significa um retrocesso retornar da medida do cérebro para a do olho, com sua redução de valor de aproximação: uma atitude anti-histórica por excelência.

Além disso, se adotarmos exclusivamente a notação totalmente dependente da superfície do papel, a mim me parece que estamos ignorando a verdadeira noção de tempo musical. A transcrição gráfica favorece a noção de tempo amorfo em detrimento total do tempo pulsante (ou estriado). De resto, verificar-se-á mais tarde que esta dialética de tempo e notação, empregada conscientemente, pode ser de grande utilidade.

Temos, portanto, três razões para considerar a notação exclusivamente gráfica um retrocesso:

1. não emprega a simbólica proporcional;
2. apela a estruturas cerebrais menos refinadas, o que significa aproximações mais grosseiras;
3. prescinde de uma definição *totalizante* do tempo musical.

Do que precede não se deve deduzir que rejeito toda proposta de soluções gráficas: ao contrário, eu mesmo me servi muitas vezes de tais soluções. Entretanto, deve-se evitar uma outra confusão, a que se estabelece entre a *disposição na página*, cuja finalidade é esclarecer certas relações formais, e a gráfica propriamente dita. A notação "neumática" tem, pois, o seu lugar, quando se sabe exatamente de que ela é capaz. Como vimos, abrange um campo mais estreito, mais *aproximativo* do que o assumido pela notação simbólica proporcional; é um sistema fraco em relação a um sistema mais forte. A tarefa que se impõe, como dissemos, é encontrar um sistema ainda mais geral que englobe os anteriores com base em conceitos ao mesmo tempo mais extensos e mais abstratos. Enquanto esperamos que seja encontrado este sistema, usamos os outros dois segundo as propriedades específicas: o sistema neumático possu um valor de aproximação menor, porque passa pel avaliação visual; por outro lado, o sistema de proporções explica, com um valor de aproximação maior, a duração e dá às nossas estruturas mentais uma idéia mais direta do que a proporcionada pela avaliação imediata de uma proporção cifrada. Por outro lado, o sistema neumático dá contas melhor do tempo *amorfo* ou *liso*, enquanto o sistema proporcional é apropriado ao tempo *pulsante* ou *estriado*. Como já mencionei, considero as categorias tempo *liso* e tempo *estriado* inteiramente suscetíveis de interação recíproca; o tempo não pode ser *somente* liso ou *somente* estriado, mas a partir destas duas categorias e *somente a partir destas duas* posso desenvolver todo o meu sistema racional de tempo. Sua atuação recíproca se compara a uma osmose, ou seja, a um processo biológico. O traçado deste processo biológ co – comparável a um mapa geográfico – deve se adequado a este processo para poder refleti-lo exatamente.

Pode-se mesmo servir-se, intencionalmente, da discrepância entre notação e realização, quer dizer servir-se da trama codificada que é a notação para estabelecer um jogo entre o compositor e o *intérprete*, quer este jogo seja consentido quer não pelo intérprete, quero dizer, quer ele possa agir no seu lado consciente quer no inconsciente.

Gostaria aqui de me aprofundar no circuito compositor-intérprete; podemos descrevê-lo da seguinte maneira:

A. O compositor cria uma estrutura, que ele *cifra*.
B. Ele a cifra numa trama *codificada*.
C. O intérprete *decifra* esta trama *codificada*.
D. De acordo com esta decodificação, ele restitui a *estrutura* que lhe foi transmitida.

Verifica-se que nesta ação de ciframento codificado e de decodificação reside todo o jogo da notação, com todas as possibilidades que se pode tirar daí, e entendo que este ciframento entra em jogo no próprio processo de composição e pode modificar o seu curso. Quando se fala de estrutura e, depois, de codificação, estou falando da estrutura de conjunto e da codificação local, porque a estrutura local e a codificação local intervêm no mesmo processo de pensamento. Não posso criar *de modo abstrato* um objeto local, uma estrutura local; por mais elementarmente que eu posso pensá-la, já sou obrigado a codificá-la para poder transcrevê-la (no fundo, à estrutura local cabe também um papel alfabético); quanto mais avanço na elaboração destas estruturas locais, mais entra em jogo a codificação, mais ela adquire importância.

E a tal ponto que a geração precedente, Stravínski, por exemplo, orientou toda a sua atenção para uma codificação precisa que faz com que o intérprete restitua a mensagem tão exatamente quanto lhe foi transmitida. Por outro lado, na música do Romantismo, a codificação era bastante frouxa; já que a codificação não fornecia ao intérprete elementos suficientes para uma informação muito exata, e nem perseguia essa finalidade, ele podia *interpretar* a mensagem, portanto ela a restituía com uma margem mais ou menos aproximativa. O papel da evolução histórica consistia, portanto, em encontrar tramas cada vez mais estreitas, que codificam com alto grau de precisão a mensagem a transmitir. Mas ainda não se havia pensado – a não ser de modo muito fragmentário e sem integração no sistema de composição desenvolvido racionalmente – em jogar com as possibilidades que esta codificação oferece. Para ser mais específico, uma codificação pode ser mantida intencionalmente ambígua, da parte do compositor; de seu lado, o intérprete ou pode reproduzir esta ambigüidade como tal – sempre de acordo com as diretrizes do compositor – ou será atacado por ela. No primeiro caso, há um jogo consentido, sobre a codificação, entre o compositor e o intérprete; o intérprete restitui conscientemente as mensagens do compositor: a composição é uma cumplicidade. No segundo caso, o compositor sabe que a sua codificação supera a possibilidade de deciframento do intérprete; por conseguinte, sabe também que o intérprete lhe fornecerá uma versão defeituosa da mensagem transmitida. Mas o intérprete, diante da dificuldade desta codificação, deve aplicar-se em transmitir a mensagem o mais fielmente possível; em outras palavras, a margem de erro aquém da qual ele opera deve ser cada vez menor; todavia, ela sempre existirá e nunca poderá atingir o ponto zero. Neste caso, entra em jogo a *dificuldade* de decodificação: por exemplo, dificuldade de realizar ritmos extremamente complexos ou de realizar saltos intervalares grandes ou pequenos numa mesma velocidade determinada etc. Acima do possível não quer dizer absurdo impossível. Acima do possível significa que se refletiu conscientemente sobre os limites da difi-

culdade e se sabe que, além deste limite de dificuldade, deve-se contar com um valor aproximativo
mais ou menos considerável; absurdo: escreve-se algo que não tem qualquer ordem de grandeza comum
com o conjunto sistemático das possibilidades do instrumento ou do instrumentista.

Um exemplo de absurdo: tenho uma duração;
inscrevo nela um valor irracional irregular ao qual
incorporo outro valor irracional irregular; a isso faço
seguir uma outra duração não igual à primeira, que é
subdividida por um valor irracional irregular (de tipo
diferente do primeiro), ao qual incorporo de novo
um outro valor irracional irregular (outra vez de tipo
diferente do segundo). Isso implica um processo
mental que sou totalmente incapaz de realizar; afir-
mo que nem mesmo é possível uma aproximação,
porque tenho de pensar, no mesmo instante, em três
planos de tempo, pulsações temporais subjacentes,
jamais expressas como tais; ora, não se pode pensar
realmente senão em dois, portanto o terceiro deve
ser realizado de maneira puramente mecânica. Gostaria de esclarecer o termo "puramente mecânica":
quando a ação manual é dirigida de antemão para a
coordenação completa entre a pulsação (ou suas
subdivisões) e sua realização, não é necessária uma
operação mental especial de controle; a pulsação se
transmite diretamente aos dedos, enquanto a ação
física de tocar um certo número de notas é suficiente
para estabelecer o ritmo da figura sonora. Voltemos
então ao caso citado anteriormente: antes de tudo,
tenho de pensar a primeira pulsação básica, depois
calcular a segunda pulsação em relação à primeira e,
em seguida, calcular a sua relação com a terceira. As
duas primeiras operações podem ser feitas instanta-
neamente, pois a primeira pulsação, como um *estado*
subjacente, serve para calcular a segunda (ou seja,

115

um tempo, uma velocidade de desenvolvimento) mas a segunda não pode tornar-se um *estado*, sem is so ela condena a primeira a desaparecer. Ademais se eu mudar o valor de duração (segunda parte d exemplo), devo, tomando como base a primeira pul sação, esclarecer a duração do primeiro valor e a proporção que ela mantém com o novo valor que de vo tocar e, em seguida, empreender também para o segundo valor de duração todas as operações acima mencionadas. Em vista das estruturas mentais, tudo isso prova ser um *absurdo total*.

Basta uma mudança de pequena monta para tornar realizável este exemplo extremamente difícil, cuja realização integral está além do possível, mas que pode ser lido com um grau de aproximação bastante alto. Basta que eu tome como ponto de partida a relação entre o tempo da duração básica e o primeiro valor irracional, o que me dá, a cada vez, um tempo diferente; neste tempo, e segundo as suas coordenadas de unidade, calculo o valor irracional; tenho pois uma sucessão de tempos – de estados – subjacentes ao cálculo da segunda pulsação que devo inserir aqui. Estes valores irracionais podem tornar-se puramente mecânicos se, como eu disse acima, for completa a coordenação entre a pulsação de segunda ordem e sua realização por meio de ações manuais; neste caso, reduzi as operações mentais a uma única a saber, a coordenação de estados sucessivos de tempos *estriados*. É bastante difícil estabelecer com exatidão esta sucessão de estados, e sempre haverá aqui uma certa margem de inexatidão, porque o re flexo diante de um *estado* – por indecisão, poder-se ia dizer – é menos agudo, mais maleável do que diante de uma ação. Mas não se poderia reduzir de maneira considerável esta margem se nos aplicarmos especialmente em melhorar seus reflexos diante da consecução de um *estado* temporal?

Com este exemplo tentei demonstrar a diferença radical que existe entre o absurdo impossível e a dificuldade além do possível. Num caso, o segundo, você raciocina a partir de categorias mentais, de suas possibilidades e de seus limites; no outro caso, o primeiro, você os ignorou e por isso a proposição não tem valor.

Falei da notação enquanto codificação da estrutura; a este título ela intervém na elaboração da estrutura local e atua sobre ela. Consideremos portanto a notação como um meio, não como um princípio de criatividade. Quero dizer com isso que, na expressão "estrutura transcrita" (ou "figura notada"), o primeiro termo é o elemento gerador, e o segundo é apenas uma codificação. Em nenhum caso, a codificação em si pode ser a mensagem a transmitir, mas, de seu lado, ela pode ser capaz de influenciar esta mensagem.

117

CONCLUSÃO PARCIAL

Ao longo destas conferências tentei estabelecer os fundamentos de uma verdadeira metodologia da composição, desde o estágio morfológico até o da grande forma. Nesta operação, aprofundei este ou aquele ponto, porque ele apresenta maior atualidade; achei necessário reduzir os assuntos de pouca monta às suas justas dimensões e mostrar claramente que o gesto, quando é repetido, leva rapidamente à gesticulação. Para mim a gesticulação nunca foi um ato inteligente e nunca senti a necessidade, quando fazia música, de deixar de lado a minha inteligência. Pelo menos, envidei o melhor dos meus esforços para encontrar um método dedutivo que esclareça os meus atos e os justifique, e nunca desejei organizar catálogos de amostras ou apenas descrever o processo que eu adotara para uma obra determinada. Por isso, exigi que se refletisse muito abstratamente sobre as categorias e as classes dos problemas abordados; que isto nem sempre é fácil, admito, mas não vejo por que teríamos menos agilidade e rigor de espírito que os outros intelectuais. No que concerne à metodologia, não sou da opinião de que ela provém somente do irracional: ao meu ver, esta atitude mostra uma fuga diante da responsabilidade por seus próprios atos e uma recusa – por medo ou incapacidade – da ascese necessária se se quiser assumir esta responsabilidade. Em vez de fugir de uma situação que, no atual estado das coisas musicais, me parece no centro dos problemas, preferi encará-la de frente e refletir em como se pode construir um universo musical organizado de maneira coerente. Eu disse que não poderia admitir que o irracional fosse o único senhor a bordo, mas não disse que queria expulsá-lo de toda a atividade musical; sem o irracional é evidente que a música pereceria. A construção lógica de um universo no qual devemos evoluir não significa de maneira nenhuma que eu restrinja os meios psicológicos puramente intuitivos de que dispõe o músico para *pressentir* a eficácia de uma forma particular, para *descobrir* certos meios de expressão e integrá-los às suas atividades, porque no fundo são interessantes. Se um músico reduz as operações musicais a um sistema racionalmente desenvolvido, então é lícito pensar que "o seu cérebro se encolhe e seca como se estivesse sujeito àquele processo (batizado exatamente de *redução*) a que certas tribos índias submetem as cabeças decapitadas das suas vítimas". É um matemático, Daniel Lacombe, que fala desse modo e prossegue: "Por mais que esta idéia de um logicismo de caçador-de-cabeças esteja bastante difundida entre os antilógicos, ainda assim

120

ela pertence ao campo do mito (com todos os significados mais ou menos ocultos que isso possa implicar)". Portanto, não é válido o argumento de que se esterilizaria a música "quando a reduzimos a um sistema racionalmente desenvolvido, fechado em si mesmo e privado de qualquer ligação com a realidade". É apenas um reflexo de autodefesa daqueles espíritos que não são bastante ricos para que o seu irracional evolua em simbiose com um universo racionalmente constituído; demonstra fraqueza, de maneira nenhuma superioridade.

Perguntam-me por que é tão freqüente esta analogia com o método matemático. Em nenhum momento estabeleci relações diretas entre música e matemática, mas simples relações de comparação; como a matemática é a ciência que possui a metodologia mais desenvolvida atualmente, achei importante tomá-la como modelo que nos pudesse ajudar a remediar nossas lacunas atuais. Quis, de certa maneira, lançar os fundamentos de uma metodologia musical que certamente se deve extrair da metodologia matemática à qual tentei ligá-la por analogia. Esta metodologia tem seus próprios objetos, seus próprios meios, estabelece objetivos que são exclusivamente seus. Não era minha intenção produzir a menor confusão, nem se deve pensar que pretendo "reduzir" as funções musicais a funções matemáticas. Quem o fizesse – e isso já aconteceu – ignoraria as propriedades de cada um desses dois universos.

Pode-se indagar, no entanto, se este sistema racional, do qual esclareci alguns elementos no curso dos últimos dias, é pura e simplesmente pré-concebido ou está ligado à minha experiência pessoal. Está muito claro que a experiência e o raciocínio são os dois lados – o claro e o obscuro – do mesmo evento. Elaboram-se experimentalmente objetos concre-

121

tos; estes processos de trabalho o colocam em contato com uma série de leis que você organiza num sistema coerente; graças a este sistema, você recorre à experiência que o ajuda a encontrar ou um sistema melhor – que dê contas exatas dos eventos musicais que você quer criar –, ou um sistema mais forte que inclua o anterior. E você tem de começar de novo... Um sistema racional não está congelado de antemão; ao contrário, é – se assim posso dizer – apenas a melhor solução provisória, que lhe dará possibilidade de encontrar uma outra solução provisória ainda melhor ou, pelo menos, mais abrangente. Que dialética entre experiência vivida e pura especulação poderia ser mais enriquecedora? Assim, a "gesticulação" permanece alheia ao meu modo de pensar; ela se desenvolve ainda mais, mantendo sem cesuras todas as aquisições já feitas.

Em resumo, na experiência musical, diante de novos esquemas, novas estruturas, novas propostas em geral (como diante de toda proposta intelectual), deve-se colocar três questões básicas: a do *sentido*, a da *validade* e a da *utilidade*. Será que um novo meio de estruturação tem, por exemplo, uma significação? Se a tem, tem também quase sempre a validade correspondente às suas particularidades. Então, não é necessário insistir especialmente no último conceito, pragmático. Os esforços não raro são inúteis, porque esqueceu-se de colocar estas três questões básicas.

Como conclusão desta série de conferências, gostaria de citar, corrigindo-as, as palavras de Rimbaud em suas famosas cartas a Izambard e a Demény:

"É oportuno chegar ao desconhecido através da REGULAMENTAÇÃO de *todos os sentidos*."

"O músico se faz vidente através de uma REGULAMENTAÇÃO longa, poderosa e racional de todos os sentidos."

PERIFORMA

Um congresso sobre forma?

Decerto!

Abordar sem medo um tema desses significa que se acredita estar bastante seguro do "resto"...

Quanta imprudência, lançar-se a um empreendimento tão arriscado! Há nisso tanto conteúdo?

De qualquer maneira, não está previsto no momento qualquer congresso sobre o (qualquer "defesa do...") conteúdo.

Assim, estamos reunidos para uma cruzada altamente educativa, embarcamos numa balsa formal, amplamente munidos de provisões de boca: quero dizer frases, senhas, palavras...

Falando abertamente, não estou muito disposto

a pagar o meu tributo na forma de uma contribuição garantida para os muitos problemas que nos afligem.

Também não sinto qualquer tendência a começar *ab ovo*; nenhum demônio pode me sussurrar justificações definitivas ou provisórias. Quando se trata do demônio, ele me encontra antes disposto a vagabundear.

O lema, fui buscar em mim mesmo: "Não se deve apenas construir a sua revolução, deve-se também sonhá-la".

Sem meditar aborrecido sobre a justificação deste lema, permito-me sonhar com alguma revolução e conto com os outros para me suprirem abundantemente com discursos sólidos, robustos, substanciais e para me prenderem com expressões reluzentes, humorísticas ou floridas.

Terminemos com este preâmbulo!

A forma: a palavra, poderia ter dito Jarry...

Estou pensando em outra citação. Webern se refere a Hölderlin: "Viver é defender uma forma". Sou o único responsável por aquilo que deduzo daí em seguida. Pois eu gostaria de partir da recíproca: uma forma é defender a vida; ou de maneira mais egocêntrica: a forma é defender a sua vida.

Eu conjugaria de bom grado o destino da música – ou qualquer outro, não sejamos exclusivos! – conforme o seguinte ritual:

eu formo

tu transformas

ele deforma

Uma raiz proteiforme – se assim posso dizer:

formal,
formalismo,
formação,
informação,
informal,
fórmula,
informulado,
formulário,
formulação,
formante
e assim por diante, não esquecer...:
formidável!
(não excluo, por princípio, a impostura).

Vem-me à memória outra citação, uma frase dita uma vez por um esteta, decerto menos inteligente do que brilhante (entre as numerosas confidências e múltiplas confissões que fez) como uma declaração confidencial de suas predileções: "À vida das formas", ele disse – em substância e num jogo de substantivos –, "prefiro as formas da vida".

Eu poderia associar aqui Hölderlin e Cocteau e dizer: "A defender sua vida nas formas prefiro defender as formas da vida". Que belo programa! Gerações de humanistas brilhantes quais vagalumes poderiam alimentar-se disso.

Infelizmente, não estamos num congresso sobre o humanismo; por isso, devo renunciar às ricas possibilidades de desenvolvimento que este aforisma comporta. (A propósito de humanismo: a mim me parece que não são poucos os ideólogos que o empregam como palavra-chave contra o formalismo; entretanto, a maneira como o fazem lembra um certo processo de tomar a meteorologia para encetar deturpações verbais.)

A forma, esta palavra, palavra-mestra, palavra de mestre, me deixa perplexo.

Quanto mais se tenta compreendê-la, mais ela escapa; quanto mais se procura isolá-la historicamente, mais ela perde em realidade.

Quanto menos se fala disso, mais ela mostra a sua verdadeira face; quanto mais a discutimos, menos a compreendemos.

Há perguntas que se deve formular continuamente, como um eco, até que o eco se torne incongruente:

O que é a forma?

        O que é a...?

O que é...?

        O que...?

...? (Deixo de lado aquilo que os três pontinhos podem significar.)
A selva é uma forma?
Provavelmente...
Então, a imaginação é também uma forma.
Isso basta para convencer alguém?

Não creio. No entanto, quanto mais longe chego, mais ponho em dúvida a virtude da convicção: esta viúva pouco me interessa.

Adoto o método Rimbaud/Infernal:

"Uma noite tomei a Forma" (com F maiúsculo, naturalmente) "em meu colo". (Por que não? Não há nada de indecente nisto!) – "E achei-a amarga" (isso certamente aconteceu a muitos outros, mesmo que nunca tenham ousado, antes, tomar a forma no colo...) "e a insultei" (eu apostaria que poucas são as pessoas que se prestaram a este insulto).

Poderia prosseguir com a paródia deste poema; apenas mais um exercício de manual e de escolástica... forma morta!

Se é primavera ou outono, isso só nos traria o "horrível riso do idiota".

126

Circulemos
sempre mais
em torno da torre mais alta.

A forma:
é um gesto, um estado, um conjunto de gestos, de estados?
é acaso que alguém encontra?
é uma disciplina?
é uma verdade a encontrar ou reinventar?
é um conceito, uma vontade?
é um esquema herdado do caminho através do labirinto?
é um labirinto organizado?
é uma revelação?
uma iluminação?
um choque?
é uma dúvida?
é uma adaptação por tentativas?
é um mistério que não cessa de se recompor na revelação?
é... um sol negro?
Perguntas e perguntas...

Velha alquimia, encontro novamente teus vestígios; e isso não me satisfaz.

A realidade dos esquemas nos abandonou: para o melhor e para o pior; então devemos nos resignar a este vazio imutável e opor a ele... o quê? Não é exatamente esta a questão?

A forma, esta primorosa pedra filosofal, em cuja procura gastam tanto tempo as grandes crianças inteligentes, sérias e aplicadas: encontrá-la-ão? Não a encontrarão?

Faço conexões, crio choques: já será o embrião de uma forma?

Posso usá-la nas eventualidades, ou devo incluir o previsto?

Até que ponto vou enganar o decifrador de sonhos? Devo fornecer a chave da compreensão? Ou

127

posso me fechar solidamente em minha fortaleza imaginária?

"Quão fácil é escrever, quão difícil é compor."

Agora sem ponto de exclamação, sobretudo. Seria um autêntico título para um capítulo. Descreva-se nele a forma até o fim, e ela provavelmente desempenharia o papel de análise espectral... totalmente espectral mesmo!

Quem falará da labuta da transmutação, quem falará das torturas da transubstanciação formal? Algum dia, quando eu me sentir mais dotado para a descrição de fantasmas...

Podem o guarda-chuva, a máquina de costura e a mesa de dissecação, apenas por sua associação incomum, criar uma forma? Uma pergunta cômica, cuja necessidade talvez não se reconheça, mas cuja atualidade se deixa às vezes pressentir...

A forma: palavra-mestra (*maître-mot*), escrevi. Um erro de datilografia transformou-a numa palavra mágica (*mître-mot*); eu poderia continuar no caminho das assonâncias: *maître-mot, mot de maître; mître-mot, mot de pître* (palavra de palhaço); *piètre-mot* (palavra mesquinha); *maître-sot* (asno chapado)... (*Simbad, o Marujo*... e outros estímulos ulisseicos!)

Retomemos os raciocínios *ab absurdo*: não defendo uma forma, portanto não vivo. Certo?

Ou: Vivo, pois defendo uma forma. Mais certo?

E de modo mais simples: Vivo, portanto não preciso me preocupar com a defesa de uma forma (fora das cruzadas políticas, caso em que...)

Mesmo um anacoreta disse algum dia: Eu me preocupo com a defesa de uma forma, portanto não vivo?

(Se este anacoreta existisse, dever-se-ia procurá-lo, custe o que custar, e trazê-lo imediatamente a este congresso. Talvez pudesse nos dar informações interessantes e inéditas. Mas talvez ele apenas nos olhasse cheio de silenciosa compaixão; depois, sumiria sem mais explicações, e nos deixaria com a nossa sede de conhecimento. E nos veríamos, mais do que nunca, reduzidos a associar pacientemente guarda-huvas e máquinas de costura em mesas de disse-:ação!)

Em princípio, começo por viver; pelo menos me esforço para tanto, o melhor que posso. (Será tão fácil quanto se supõe e quanto se diz?) Vivo, por certo; mas procuro adquirir saber. O que é um homem sem o saber? Não se distingue do animal... Então: viva o estudo!

Mas veja! mal juntei minha bagagem de mão, já comécei rapidamente a me libertar dela, para ficar independente; os melhores mestre do pensamento sempre o recomendaram muito vivamente. Como eu ousaria não segui-los neste ponto decisivo?

E já estou entregue ao vaivém do momento.

Vou eu, para continuar senhor dos acontecimen-os, recolher com toda a pressa a minha bagagem de mão? Ou vou me deixar guiar deliberadamente pela minha febre e traçar despreocupadamente os diagramas da minha energia criadora?

Problema entre os problemas.

Como devo me formar, como formular? Sendo meu próprio operador, devo parar o raio! (A imagem, a ousadia obriga..., não é totalmente sem fundamento.)

Alquimia da linguagem, que não parou de troçar de nós...

Releio alguns trechos escritos antes; parecem-me muito notáveis e adequados à circunstância.

Transcrevo alguns, em itálico, naturalmente:

129

Forma e conteúdo são da mesma natureza, apreensíveis pela mesma análise. O conteúdo recebe de sua estrutura a sua realidade, e aquilo que chamamos forma é a estruturação de estruturas locais de que se constitui o conteúdo.

(Este não é meu, mas do eminente etnólogo Lévi-Strauss; eu apenas tomei-o emprestado.)

Será "notado" assim o inexprimível? São estes os estados fixados do êxtase?

Isso foi certamente um exercício de manual...

Continuo a minha releitura e descubro nela ingenuidades que, retrospectivamente, me encantam. Eis uma amostra:

Tornou-se muito difícil falar da forma em geral, porque o seu estudo não pode separar-se do estudo dos aspectos particulares que ela reveste em cada obra; no máximo, pode-se extrair alguns princípios gerais de organização.

Este extremo cuidado é altamente elogiável, e ainda hoje o aprovo. Eu o aprovo mais do que nunca pois acho que existem temas sobre os quais é muito fácil "congressar".

Entretanto, não esqueci de dissecar alguns aspectos estruturais, e não perdi completamente a esperança de chegar, mediante certo esforço de dissecação, ao país da definição.

O caminho não deixava de ser árido; às vezes – freqüentemente mesmo – a aridez se mostrava consternadora no sentido literal da palavra. Mas que desertos não se teria de atravessar para alcançar a terra prometida da definição! As tábuas da lei exercem muitas vezes uma fascinação – mesclada com uma pitada de aversão –, que nos estimula vivamente ao "impulso investigatório"...

Continuo lendo:

Pode-se concluir daí que a evolução formal, contrária às referências, deve conduzir a um tempo irreversível, no qual os critérios de forma se estabelecem a partir de redes de possibilidades diferenciadas.

(...)

Não tenho, portanto, qualquer conhecimento da forma, e meu "ângulo de audição" só se estabelece a posteriori, uma vez desenvolvida inteiramente a forma.

(...)

Para mim, o acidental encontra-se no final de uma dedução lógica e coerente.

(A esta frase atribuo pelo menos uma certa bizarrice; depende de mim deixar de vez em quando livre curso a esta virtude.)

(...)

Como se vê, tentei definir a forma como um conjunto conceitual e não como um gesto (o gesto – se é que preciso dele – encontra o seu lugar dentro deste conjunto). Finalmente, parece-me resolvida a antinomia entre a forma pensada e a forma vivida, pois das deduções concretas sobre as quais se baseia a forma dentro de um sistema coerente e lógico de pensamento, ressalta que ela, para ser pensada, só precisa ser vivida. Não era urgente, nos dias de hoje, a solução desta antinomia?

Fechem o livro!

Basta das palavras escritas, reescritas, traduzidas, congeladas em citações floridas! Abandonemos o estreito labirinto dos conceitos cimentados, e passeemos livremente em meio às arquiteturas improvisadas, e isto no próprio instante em que falamos.

131

Pierre Boulez em Darmstadt, 1962

Curso de Férias de Darmstadt, 1965

Curso: A Harpa na Nova Música –
na harpa, Maurício Kagel; perto de Boulez, Francis Pierre

Plis Selon Pli, 1960

Le Marteau sans maître, 1962 –
Prova com o Conjunto de Câmara de Kranischteiner

MÚSICA NA PERSPECTIVA

Balanço da Bossa e Outras Bossas – Augusto de Campos (D003)
A Música Hoje – Pierre Boulez (D055)
O Jazz, do Rag ao Rock – J. E. Berendt (D109)
Conversas com Igor Stravinski – Igor Stravinski e Robert Craft (D176)
A Música Hoje 2 – Pierre Boulez (D217)
Jazz ao Vivo – Carlos Calado (D227)
O Jazz como Espetáculo – Carlos Calado (D236)
Artigos Musicais – Livio Tragtenberg (D239)
Caymmi: Uma Utopia de Lugar – Antonio Risério (D253)
Indústria Cultural: A Agonia de um Conceito – Paulo Puterman (D264)
Darius Milhaud: Em Pauta – Claude Rostand (D268)
A Paixão Segundo a Ópera – Jorge Coli (D289)
Óperas e Outros Cantares – Sergio Casoy (D305)
Filosofia da Nova Música – Theodor W. Adorno (E026)
O Canto dos Afetos: Um Dizer Humanista – Ibaney Chasin (E206)
Sinfonia Titã: Semântica e Retórica – Henrique Lian (E223)
Música Serva d'Alma: Claudio Monteverdi – Ibaney Chasin (E266)
Para Compreender as Músicas de Hoje – H. Barraud (SM01)
Beethoven - Proprietário de um Cérebro – Willy Corrêa de Oliveira (SM02)
Schoenberg – René Leibowitz (SM03)
Apontamentos de Aprendiz – Pierre Boulez (SM04)
Música de Invenção – Augusto de Campos (SM05)
Música de Cena – Livio Tragtenberg (SM06)
A Música Clássica da Índia – Alberto Marsicano (SM07)
Shostakóvitch: Vida, Música, Tempo – Lauro Machado Coelho (SM08)
O Pensamento Musical de Nietzsche – Fernando de Moraes Barros (SM09)
Walter Smetak: O Alquimista dos Sons – Marco Scarassatti (SM10)
Música e Mediação Tecnológica – Fernando Iazzetta (SM11)
A Música Grega – Théodore Reinach (SM12)
Estética da Sonoridade – Didier Guigue (SM13)
A Ópera Barroca Italiana – Lauro Machado Coelho (HO)
A Ópera Romântica Italiana – Lauro Machado Coelho (HO)
A Ópera Italiana após 1870 – Lauro Machado Coelho (HO)
A Ópera Alemã – Lauro Machado Coelho (HO)
A Ópera na França – Lauro Machado Coelho (HO)
A Ópera na Rússia – Lauro Machado Coelho (HO)
A Ópera Tcheca – Lauro Machado Coelho (HO)
A Ópera Clássica Italiana – Lauro Machado Coelho (HO)
A Ópera nos Estados Unidos – Lauro Machado Coelho (HO)
A Ópera Inglesa – Lauro Machado Coelho (HO)
As Óperas de Richard Strauss – Lauro Machado Coelho (HO)
Rítmica – José Eduardo Gramani (LSC)

Este livro foi impresso na cidade de Cotia,
nas oficinas da Meta Brasil, para a Editora Perspectiva.